百年名校
游览笔记

启真惟水

浙江大学游览笔记

张淑锵 著

长江出版传媒　湖北美术出版社

图书在版编目（CIP）数据

启真惟水·浙江大学游览笔记 / 张淑锵著. -- 武汉 : 湖北美术出版社, 2016.6
（百年名校游览笔记）
ISBN 978-7-5394-8561-4
Ⅰ. ①启… Ⅱ. ①张… Ⅲ. ①浙江大学一概况 Ⅳ. ① G649.285.51
中国版本图书馆 CIP 数据核字（2016）第 123084 号

出版发行：长江出版传媒　湖北美术出版社
地　　址：武汉市雄楚大街 268 号
电　　话：027-87679520　87679525　87679529
传　　真：027-87679529
邮　　编：430070
印　　刷：武汉精一佳印刷有限公司
开　　本：720mm×1000mm　1/16
印　　张：8.5
版　　次：2016 年 7 月第 1 版　2016 年 7 月第 1 次印刷
定　　价：38.00 元

目录

之江校区

紫金港校区

后　记

序言

浙江大学校园之美已广为人传。早在上世纪八十年代，我留校工作不久，那时老浙大，包括现在浙江大学的玉泉校区和之江校区，就和珞珈山下的武汉大学、倚山傍海的厦门大学等齐名，被称为中国环境最美的大学。

日前和淑锵去学校刚建成的舟山校区海洋学院，他告诉我他刚完成一本书《浙江大学游览笔记》。尽管我知道淑锵勤奋，写作出手也快，但还是有些吃惊。这是因为这大半年，他一直在忙于学校新校史馆的建设，从草拟方案、反复送审修改、陈展设计等，一直到监督施工，忙得脚不着地，甚至时时焦头烂额，他哪儿来的时间和精力写书的？我真是佩服他的刻苦。

浙江大学已经有将近120年的历史，是中国自办最早的现代高等学校之一。学校位于杭州，身处中国最美的城市，自然会汲取其天宝物华，由此，浙大恐怕是不美也难。然而，作为一座历史悠久的名校，她的美更应当是内在的，是那些建筑、那些山水树木所蕴含、负载的历史积淀和厚重的文化传承。淑锵有较长时间从事浙江大学校史的研究和组织工作，现在担任浙江大学校史研究室主任，由他来撰写关于浙江大学的名校游记，实在是再合适不过了。

其实，淑锵的这本书，与其说是游记，还不如说是浙江大学的另类史话更为合适。它是一册剪碎了的、经过选择的、更为故事化的浙江大学历史。游弋于各个景点之间，就是不断出入浙江大学的历史，在创办求是书院、历经西迁崛起、学校的分分合合一系列重大事件和人物故事中欣赏和品味一座名校的风采，也大致可以窥见中国高等教育的脉络。当然，这毕竟不是一本史书，其写作不以时间为主线，也没有严格的体例。正因为此，也就更为生动，更为有趣可读，更适合不以研究为目的的普通读者。

浙江大学在杭州有五个校区，其名分别为玉泉、西溪、华家池、之江和紫金港，都与水有关。还有一个校区，湖滨校区，四校合并之前浙江医科大学所在地，后来因学校发展需要置换出去了。这本书中湖滨校区的景点就没有了，这不能不说是一个遗憾。近年，学校又在杭州市以外建设了两个校区，舟山校区和海宁校区，分别为海洋学院和国际教育学院的办学地点。如此多的校区，总面积不下万亩，这在全国高校中恐怕也屈指可数。而校园中可以一说的景点，也比比皆是。淑锵跑遍分布于杭城西东南北中的五大校区，踏勘现场，精心挑选，拍摄了大量珍贵照片，又对历史资料反复甄别，然后付诸笔端，终成此书，可谓精心打磨之作。

记得我在老浙大，也就是现在的浙江大学玉泉校区读书时，住在第八学生宿舍。我基本上都在宿舍自修，新春时节，打开窗就能看见老和山的茶园，细雨之中采茶女的花袄在一脉苍翠中时隐时现。那时候看着看着就忘了读书作业，已不知此身还在校园中了。老和山紧邻校园，学校有几幢教学楼和学生宿舍就建在山坡上。而课余登山，在山顶眺望西湖，饱览杭城景致，已成

为浙大学生独享的一份乐趣。老和山的整座山并不在学校界内，但师生早就视其为浙大的一部分，这样的景点是否可以酌情入选呢？

我和淑锵交往多年，在我印象中，这是他第一次单独出书。他专职从事校史工作已有六、七年，最近也常常感慨深陷事务，总见不着成果。我想，这本书的出版对他来说只是一个小小的起点，淑锵还年轻，凭他对浙大的热爱，凭他的才华与钻研，未来必将硕果累累。

李曙白

李曙白，中国作家协会会员，民刊《诗建设》杂志社社长、“诗选”栏目主持人。在《诗刊》等杂志上发表诗歌、散文数百首（篇）。浙江大学资深校史研究员。

导言

一所名校的成长简史

杭州是美丽南国的一座历史文化名城，古时曾称“临安”“钱塘”“武林”等。在这里，良渚文化得以发祥，京杭运河胜利收官。她是五代时期吴越国的都城，更是南宋帝国的都城，为中国六大古都之一。她所拥有的西湖等久负盛名的自然风光和人文底蕴，使古时今朝多少文人骚客为之梦萦、为之兴叹。故而宋以后的杭州素有“人间天堂”之称，与江苏名城苏州共享“上有天堂，下有苏杭”之美誉。

“人间天堂”——闻其名都会感到如同翰墨之香飘逸于鼻，渗心脾，令人动心，为之动容。世人对于杭州的赞美之词更是数不胜数，而唐代著名诗人白居易的牵挂最是令人难忘。有词云：

江南忆，最忆是杭州。山寺月中寻桂子，郡亭枕上看潮头。何日更重游？

是啊，何日更重游？如果今天，白居易故地重游，也许除了寺、桂、亭、潮，他一定还会感叹于一所规模巨大的现代大学，那就是浙江大学。

说到浙江大学，就不得不说他的悠久历史、崇高声誉及其肩负使命。早在19世纪末维新图强的晚清时期，也就在中日甲午战争结束不久的1897年，时任浙江巡抚的进士廖寿丰与时任杭州知府的进士林启商定创办了以“育才、图治”为办学宗旨的新式学堂——求是书院。1897年5月21日，求是书院在杭州蒲场巷（现称大学路）正式开学。因为办学旨意恢宏，使命重大，作为巡抚的廖寿丰也许对于别人来办这所学校存有疑虑，于是直接委派林启为总办（相当于现在的校长），显然对这所学校寄予厚望。

▼ 紫金港校区大观（摄影　马绍利）

之所以说这是一所新式学堂，一个重要理由就是这所学校不以功名为鹄的。与传统书院相比，求是书院引入较多西学课程，比如算学、化学、物理、音乐、体操等课程。这些课程对于学子在“科举制度”考取功名的路径来讲是完全多余的，因为科举不需要考核这些知识与素质。修习这些新式课程对于当时的凡夫俗子来讲，完全就是拿自己的前途开玩笑。然而，恰恰是这些课程代表了时代的进步，是文明的脉搏，是国人兴学图强的一条重要阶梯。

求是书院的莘莘学子们“正其谊，不谋其利”，脚踏实地，肩负使命，就这样在传统与近代之间寻找到了一个全新的平衡点和突破口，开辟了一条富有特色的救国新路径，同时也标志着近代浙江高等教育之起源。

求是书院创办以后，曾设内院和外院。内院学生称内院生，外院学生有经生和蒙生。随着清末政改波动，求是书院几经更名。1902 年，求是书院改称“浙江大学堂”。1904 年改名“浙江高等学堂”，设预科、正科，正科分文、理两类，另设师范科与师范传习所，招收名额逐渐扩大，至 1907 年有教职员 29 人，学生 319 人。1908 年，浙江高等学堂正科开始招生。

辛亥革命后，浙江高等学堂改称“浙江高等学校”。1927 年 5 月，浙江省务委员会会议通过设立浙江大学研究院计划案，以浙江高等学堂、陆军小学堂、罗苑及文澜阁为研究院院舍。后筹备委员会因研究院规模大、需费多，又议决暂缓设立，先筹办大学。同年 7 月，这所经过细致筹备的大学终于掀开了面纱，在杭州蒲场巷浙江高等学堂旧址宣告正式成立，原浙江高等学堂学生、曾任民国之父孙中山先生秘书的著名教育家蒋梦麟担任校长。同年 8 月，第三中山大学冠名“国立”，称“国立第三中山大学”，并改组设在杭州的原浙江公立工业专门学校为工学院，原浙江公立农业专门学校为劳农学院（1929 年改称“农学院”）。

国立第三中山大学的成立，是国民政府为纪念孙中山先生而建。当时全国仅设四所中山大学，可见其地位之显著。1928 年 4 月，国立第三中山大学又改名浙江大学；同年 7 月，接大学院令，浙江大学冠名“国立”二字，称“国立浙江大学”。1936 年 4 月，著名教育家、科学家竺可桢出任国立浙江大学校长。从此，浙江大学迎来了办学史上的第一个高峰，并以“东方剑桥”之名，在中国近现代高等教育史上留下了一串永不泯灭的烙印。

回望浙江大学的“东方剑桥”史，我们会被其在 20 世纪三四十年代所经历的那段波澜壮阔而又艰苦卓绝的历史征程而深深震撼。那是一个战火纷飞、硝烟弥漫的燃烧岁月，1937 年的“七七卢沟桥事变”彻底引爆了中日之间民族大战。面对日军疯狂进军，浙江大学这支“文军”被迫西迁办学。从 1937 年 9 月至 1946 年 6 月，浙江大学从杭州启程，先后迁到浙江於潜西天目山、建德，江西吉安、泰和，广西宜山，最后迁至贵州遵义、湄潭等地坚持办学。期间，还于 1939 年设浙东分校于龙泉（后改名龙泉分校）在西迁途中，浙大师生历尽艰辛，但是弦歌不辍，大师云集，英才辈出，奇迹般在困境中崛起，被 1944 年访问浙江大学的著名科技史专家、英国皇家科学院院士李约瑟赞誉为“东方剑桥”，而当时由北京大学、清华大学和南开大学三所著名高校联合组建的西南联合大学则被誉为“东方牛津”。

抗战胜利后，浙江大学于 1946 年 6 月启程返回杭州时，已经发展成为一个拥有文、理、工、农、医、法、师范七大学院的综合性大学。1949 年 5 月，杭州解放，浙江大学开启了科教事业的新篇章。随着军事接管的结束，学校成立了第一届校务委员会，并于8月份迎来了著名经济学家马寅初出任新中国浙江大学的首任校长。

1952年，全国高等学校实行院系调整。浙江大学由于其极强的综合实力，成为支援全国高等教育战略调整的一支突出力量，大量的学科、师资被调往全国各地，并由一所包括文、理、工、农、法、医、师范共7个学院、30个学系的综合性大学调整成为一所仅拥有机械、电机、化工、土木4系和10个四年制本科专业、10个两年制专修科专业的工科性大学。尽管如此，浙江大学在新的起点上，率先恢复理科，逐渐形成了理工结合的办学格局。1989年，浙江大学得到教育部的支持，实行“综合改革试点”，办学实力得到很大提升。1996年，顺利进入“211工程”重点建设行列。

与此同时，通过1952年的院系调整，在浙江大学有关学院、学系的基础上，浙江省内陆续成立了浙江师范学院、浙江农学院、浙江医学院。之后，各校又经历发展，分别发展成为杭州大学、浙江农业大学和浙江医科大学，在各自办学领域成为国内具有重要地位和影响的高等学校。1998年，上述各校陆续通过了“211工程”部门预评审或重点建设项目论证。1998年，浙江大学、杭州大学、浙江农业大学、浙江医科大学同根同源的四校合并，组建新的浙江大学。

新浙江大学为教育部直属高校，由教育部和浙江省共建共管。这是我国高等教育管理体制改革的重大举措，是国家实现建设世界一流大学战略目标的重大步骤。新的浙江大学是当时我国学科门类最齐全的综合性大学，有文、史、哲、经、管、教、理、工、农、法、医等11个门类学科，106个博士点、13个国家重点学科、10个国家重点实验室、2个国家工程研究中心、2个国家工程技术研究中心。全校有5000多名博士、硕士研究生，全日制在校生达3万多人，1万多名教职员工，其中有教授800多名。如此巨大的办学规模，无怪乎时人有“航空母舰”之称谓。显然，这也为浙江大学向世界一流大学进军奠定了强大的学科与人才基础。

浙江大学坚持“以人为本，整合培养，求是创新，追求卓越”的教育理念，培养具有国际视野的高素质创新人才和未来领导者。全日制在校本科生、硕士生和博士生人数47000人左右；在校留学生近6000人；专任教师约3500人；教师中有中国科学院院士和中国工程院院士30余人。拥有一级或二级国家重点学科30余个。主动对接国家和区域战略需求，着力打造具有影响力的高水平创新源、人才泵和思想库，拥有国家重点实验室、国家工程实验室、国家专业实验室等国家级科学研究基地近60个，年度科研经费逾30亿元人民币。一批科研成果获得了国家科学技术进步一等奖。据ESI公布的数据，截至2016年1月，全校共有18个学科进入世界学术机构前1%，居全国高校第二；7个学科进入世界前100位，4个学科进入世界前50位，居全国高校第一。

四校合并后，原四校分别以玉泉校区、西溪校区、华家池校区、湖滨校区命名，原浙江大学在钱塘江畔所设有的之江学院则更名为之江校区。如今，经历了近20年的岁月变迁，旧有大学虽然不复存在，但是新设校区并不能完全隔断历史的时空。下面，就让我们一道游览浙江大学这个多校区的现代巨型大学吧！

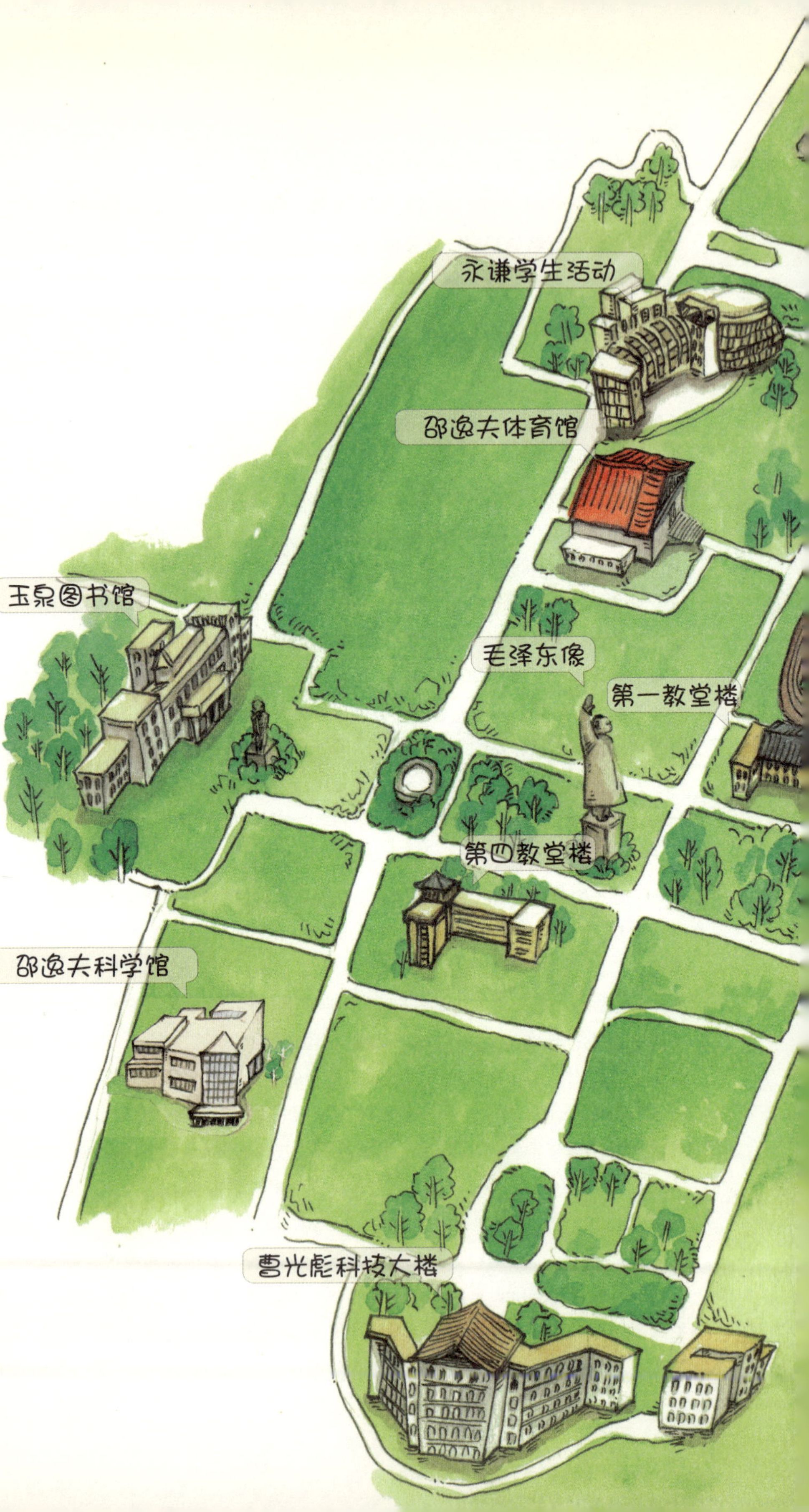
永谦学生活动
邵逸夫体育馆
玉泉图书馆
毛泽东像
第一教堂楼
第四教堂楼
邵逸夫科学馆
曹光彪科技大楼

玉泉校区

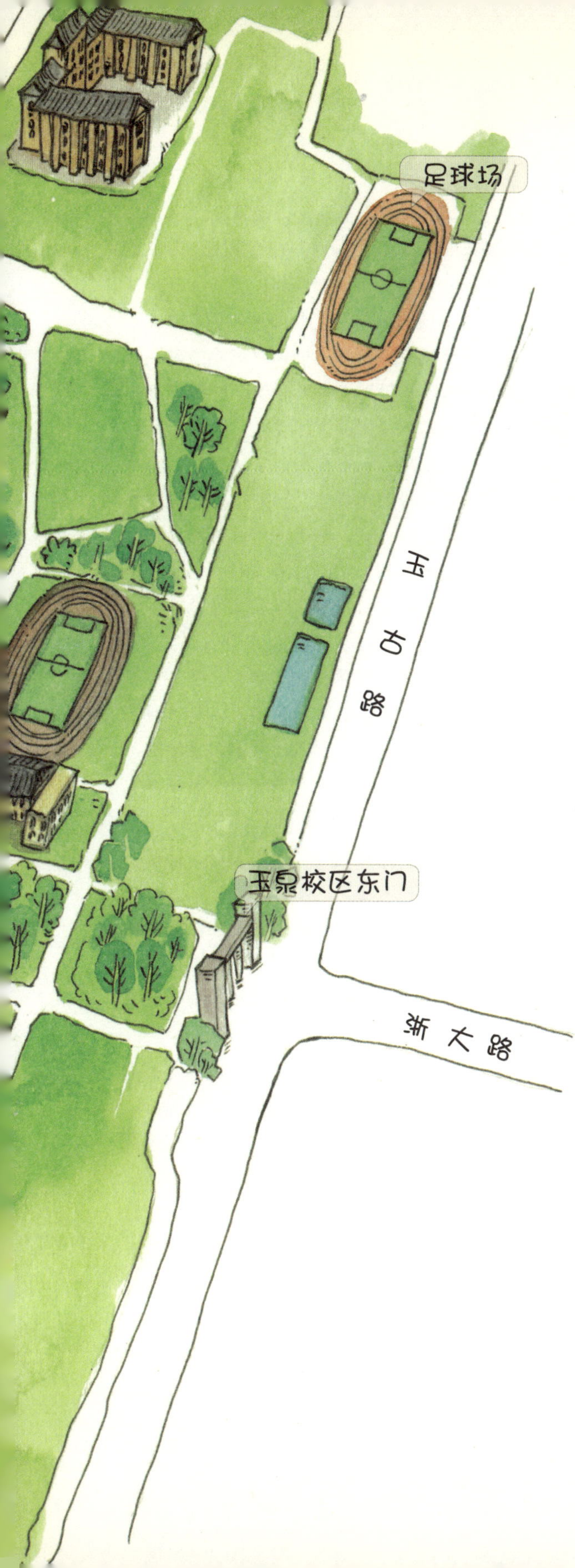

玉泉校区是原浙江大学办学所在地，处于美丽西湖的西北角，背靠灵峰、老和山，面对乌石峰，紧邻杭州植物园，总占地面积1700多亩，因古时名泉“玉泉”近在咫尺而得名。

玉泉位于校区南门外、仙姑山之北的青芝坞，长约12米、宽9米，无泉眼，泉水自池底渗出。据传，古时曾有蛰伏于钱塘江口的一条正直勇敢而又本领高超的草龙，为救饱受苦难的黎民百姓，勇闯皇宫，结果遭受暗算，右眼受伤，只得返回杭州。得知青芝坞清涟寺里住着一位医术高明的老和尚，草龙便化身前往求救。谁知，老和尚识破草龙真身，竟设计陷害，要求草龙钻泉回报。草龙不知是计，依法钻泉，结果老和尚见泉水喷涌，就用寺内佛前的玲珑石覆盖泉眼。从此，草龙永不得脱身，而清涟寺却从此多了一眼千古不涸的清泉。如此悲壮的传说，令人嗟叹。但是，人间天堂多了一处世间美景，安知非福？

其实，玉泉与浙大本无关系。1953年之前的浙江大学校址并不在这里，而是大学路的求是书院旧址。但是，根据当时浙江省及杭州市人民政府关于在杭州城西偏北区域建立文教区的意见，浙江大学校址从大学路调整至文教区内。1953年，浙江大学在老和山下的广袤土地上开始建设新校园。1954年，第一批学生入驻新校园。之后，各系科、机关各单位陆续迁入。1957年，随着化工系的迁入，大学路校舍的调出，浙江大学完成了从大学路时代向老和山时代的变迁。

目前，玉泉校区内设有浙江大学学术委员会、研究生院、理学部、工学部、信息学部等，包括经济学院、数学系、物理学系、化学系、地球科学系、机械工程学院、材料科学与工程学系、能源工程学系、电气工程学院、化学工程与生物工程学系、航空航天学院、高分子科学与工程学系、光电信息工程学系、控制科学与工程学系、计算机科学与技术学院、信息与电子工程学系、生物医学工程与仪器科学学院等17个院系。

玉泉校区内道路比较规整，形成了“三纵两横”的校园交通网。“三纵”即崇德路、体苑路和智泉路，均呈南北走向；“两横”即“求是路”“树人路”，均呈东西走向。其中，“求是路”又分为“求是南路”和“求是北路”。从这些道路的名字来看，我们很容易就可以勾画出浙江大学的办学方针，那就是：办学目标是“树人”；标准是“德”“智”“体”协调发展；路径是“求是”。“三纵两横”的校园网络同时也使整个校园的校舍与景观得以错落有致地舒展开来，将整个校区纺织成一幅美丽的大学校园。

▲ 玉泉校区东门

现在，如果你从飘渺的西湖烟雨中走来，循着西湖北面的北山路右拐，进入大树遮荫、蜿蜒而前的曙光路，再走大约10分钟的时间，你就将站立在又一条大学路上，即浙大路。浙大路呈东西走向，站在路口，不用驻足极目张望，就能看到笔直道路的尽头，有一个巨型的石坊，这就是玉泉校区的正大门，又称东门。越过石坊之顶，还会看到一个红顶的高大建筑，以及这个建筑所背靠的连绵山脉。当来到石坊跟前时，会看到“浙江大学”四字赫然刻写石坊上面，高悬于顶。你再迈开脚步，穿过石坊之下的宽大门洞，你就置身于这所享誉国际的著名高等学府的校园之中了。

求是创新

▶ 求是创新浮雕

站在高大伟岸的浙江大学石坊之下，环顾两侧石墙，分别有“求是”“创新”四字浮雕镶嵌其上。“求是、创新”是原浙江大学校风的高度概括，其本源来自“求是”校训，如今则是浙江大学校训。这也是贯穿浙江大学百年历史的一条精神主线。

也许是受浙大前身求是书院之名的启发，1938 年 11 月，西迁办学途中的浙江大学，在校长竺可桢主持下，校务会议决定将“求是”作为浙江大学校训。之后，竺可桢又开展了一系列的宣讲活动，阐明“求是”校训所蕴含的深刻内涵。在竺可桢看来，“求是”精神具有丰富的内涵，主要包括科学精神、牺牲精神、爱国精神、奋斗精神、革命精神和服务精神等。

竺可桢曾经就牺牲精神与求是精神之间的关系作专门的探讨。他说，“所谓求是，不仅限于埋头读书或是实验室做实验”，要有“诸葛武侯所谓‘鞠躬尽瘁，死而后已’”的精神；“能牺牲一己，以卫护大众与国家的利益”，“肯吃苦耐劳，牺牲自己努力为公”。竺可桢认为科学的目标是探求真理，其精神也是探求真理，真理所在，虽蹈危履险以赴之，亦所不释。这种科学精神也可以表述为“只问是非，不计利害”，他认为有了这种科学的精神，科学才能够存在。而“到了国家民族危如累卵的时候，向来以蕲求真理为目的的科学家，亦不能不尽其所知，竭其所能，以保卫民族与国家。”同时，他又告诫大学生参加社会工作，“不当以钱为目的，要当以服务为主旨”。他说“如为社会服务，则事业的成功，即是个人的成功。”他要求大学毕业生参加社会工作，“处处应以国家社会为念”，“切不可斤斤计较于待遇之厚薄及物质享受之有无”，要“不求地位之高，不谋划报酬之厚，不惮地方的辽远和困苦，凡是吾人分内所应该做的事就得去做。”在竺可桢的竭力宣扬下，“求是”精神内化成为浙江大学师生求学成才、教书育人、科研创新的一条颠簸不破的信仰，“求是精神”也就在浙大渐成风气。

改革开放以后，创新成为一个国家、一个民族不断进步的不竭源泉。浙大人敏锐地抓住了这个时代的最关键点，进一步深化了对求是精神的理解。1979 年，中国科学院副院长、著名物理学家钱三强在担任浙江大学校长后，第一次与浙大师生见面时，就向浙大师生员工提出，要继承和发扬“求是”精神，培养和鼓励“创新”精神。1988 年，浙江大学校长路甬祥主持的校务会议，赋予新时期浙江大学校风以“实事求是、严谨踏实、奋发进取、开拓创新”的新内涵，并以“求是、创新”概括之。2014 年，教育部批复浙江大学报送的《浙江大学章程》，正式将“求是创新”确定为浙江大学校训。

玉泉校区文保建筑群

▲ 玉泉校区文保建筑群

从浙大路进入校园，在中心大草坪的两侧就是求是路，右边一条东西走向的大路称“求是北路”，而左边一条同样东西走向的大路则称“求是南路”。求是南、北二路夹着一片宽广的绿茵草场，在其两侧则是风格统一、造型别致、中苏结合的各大教学楼。这些教学大楼的年龄都已经超过了50岁，因此杭州市政府陆续发文公布为杭州市级历史建筑，属文物保护单位。

▲ 第一教学大楼

在求是北路北侧的文保建筑分别是第一教学楼－第三教学楼－第五教学楼－第十一教学楼；在求是南路南侧的文保建筑分别是第二教学楼－第四教学楼－第六教学楼。其中，第一教学楼建于 1954 年，建筑面积 7167 平方米，目前为机械工程学系所在；第二教学楼建于 1954 年，建筑面积 7356 平方米，是电气工程学院所在；第三教学楼建于 1955 年，建筑面积 11759 平方米，是电光信息工程学系所在；第四教学楼建于 1956 年，建筑面积 9165 平方米，是化学工程与生物工程学系所在；第五教学楼建于 1958 年，建筑面积 5478 平方米，是航空航天学院所在；第六教学楼建于 1959 年，建筑面积 5784 平方米，是地理科学系、材料科学与工程学系所在；第十一教学楼建于 1962 年，建筑面积 11596 平方米，是理化测试平台、电镜中心、理学部、机械工程学系、研究生院等所在。此外，树人路上的学生宿舍三号楼和四号楼也是由杭州市政府公布的文保建筑单位。其中学生宿舍三号楼建于 1954 年，建筑面积 3319 平方米；学生宿舍四号楼建于 1953 年，建筑面积 3319 平方米。二者目前仍为学生宿舍。

▲ 第二教学大楼

▲ 第三教学大楼

玉泉校区的以上文保建筑中，1 至 6 号教学楼为浙江大学最早的一批教学楼，是新中国成立初期大学校园中颇有特色的一批建筑。这些建筑风格中西合璧，均采用传统式的宫殿大屋顶和西式房屋主体完美结合，厚墙重基，大气庄严，四角有江南民族形式的飞檐翘角，细部装饰多为传统中式。六栋建筑依山取势，由西向东，依次排列，大致呈南北对称布局，共有建筑面积数万平方米。其中，第十一教学楼，亦为浙江大学内早期的教学楼，平面大致呈“Z”字型，中间用敞厅相连，楼层分 3 层和 5 层，错落有致，西式建筑，细部采用中式装饰手法。

▲ 第五教学大楼

求是书院界碑

▶ 求是书院界碑

▲ 林启头像
▼ 求是书院

这是一块位于玉泉校区大门右侧、第十一教学大楼前、几乎隐没于草木之中的古旧石碑，原立在求是书院原址蒲场巷（今杭州市上城区大学路）附近，标识求是书院边界。求是书院是以原普慈寺为校址，将寺院大殿改为办公室，大殿后的房屋改为教室和宿舍。大殿坐北朝南，五开间，单檐歇山顶，用材讲究，雕饰精美，是比较有代表性的晚清建筑。目前，求是书院校舍仅剩大殿与偏殿各一座，门牌号改为大学路 3 弄 5 号。而这块界碑则见证了求是书院的诞生与兴衰，是一位如同求是书院一般历经沧桑的历史老人。

求是书院是近现代中国高等教育史上的一座丰碑。她是在甲午战争后挣扎着创立起来的一座新式学堂，是国人在巨大震惊与悲痛中觉醒的一种象征。

时任浙江巡抚的廖寿丰在向光绪皇帝奏折中明确指出：“窃维居今日而图治，以培养人材为第一义；居今日而育才，以讲求实学为第一义。”为实现这个目的，廖寿丰委派当时的杭州知府林启出任总办，即校长。林启主持下的求是书院对教职员工、招生考试、课程设置、经费筹措等方面都做了详细规定。比如，规定教习“教授化学及各种西学，兼课图算、语言文字”以及“各种算学及测绘舆图占验天文等事”；甚至要求教习从事“翻译书籍报章等事。”从这些教学内容、课程设置和翻译工作来看，求是书院具有明显的西学特征，充分体现了这种“中西会通”的办学主张，具有中西结合、文理贯通的特点。师生则“孳孳为学，互以敦品励行相勉”，

“如有以功利之说进者，常自笑之”，以“不应沾之于贪权功利为满足”。与传统书院教育相较，求是书院学风可谓焕然一新。

求是书院中西结合、文理会通的开放式办学模式，为19世纪末20世纪初的中国社会转型与发展培养了一大批具有实学的人才，知名的求是学子有何燏时、项藻馨、钟丰玉、陈榥、夏元瑮、许寿裳、黄郛、钱家治、汤兆丰、李屋身、赵乃传、朱其辉、陈仪、邵飘萍、邵元冲、蒋梦麟、许祖谦、褚福诜、黄学龙、陈布雷、张行简、程万里、邹铨、何敬煌、徐永祚、徐守桢、杨景桢、朱起蜇、祝文白、冯贻箴、潘渊、马公愚、陈仲陶、蒋絅裳、赵廷炳、陈大齐、何炳松、张任天、郑宗海等。还有不少学生积极参与了推翻腐朽没落的满清王朝的革命斗争，比如蒋尊簋、蒋百里、周承菼、王维忱、邵元冲、许寿裳、马宗汉等人。不仅如此，为了培养眼界开阔、堪当重任的新式人才，求是书院还积极组织学生赴日留学。1898年9月，求是书院选送何燏时、陈榥、陆世芬、钱承志四人赴日留学。之后，求是书院多次选送高才出国留学，是全国最早实行选送高才生出国深造的学校之一。

▲何燏时像

▲许寿裳像

▲邵飘萍像

▲蒋梦麟像

▲陈大齐像

▲张任天像

▲郑晓沧像

▲蒋百里像

▲蒋尊簋像

▲马宗汉像

历史变幻，时事变迁，求是书院的历史烟云，曾几何时被岁月所湮没，被人间所遗忘。直到1992年杭州因城市改造，在求是书院附近挖掘出土了一块石碑，拨开包裹岁月的泥土，“求是书院界”重见天日。该界碑于同年4月移至玉泉校区的大门口，以志永久纪念。人们开始重新怀念那段不能忘记的峥嵘岁月！

▲求是书院碑

求是之光

▲ 求是之光

走过求是书院界碑，继续向西前行，来到第三教学大楼前的草坪，你会发现这里有一组造型独特的园林美景，在古松旁矗立一块精美玲珑的太湖石。它的名字叫“求是之光”，落成于 2002 年，是为纪念浙大光学仪器专业创立 50 周年而建，有碑文为记：

浙江大学光学仪器专业始建于一九五二年，五十年耕耘，数代人奋斗，力行求是，学术精进，人才辈出，饮誉四海，中国光学工程英才之摇篮实肇始于此。

光学仪器专业后来发展成为光学仪器工程学系，简称“光仪系”，是中国光学仪器科学研究的一处重镇，拥有浙江大学光学工程国家重点学科、浙江大学现代光学仪器国家重点实验室。其早期最令人自豪的科研成果无疑就是曾经成功记录下核爆炸的全过程，为我国“两弹”的研制和发展作出了突出贡献，受到国防科工委嘉奖的“250 万幅 / 秒等待式高速摄影机”。

1966 年初，国防科委向学校和光仪系征询，能否接受研制三台用于记录核爆炸的 250 万幅 / 秒等待式高速摄影机的任务。浙大人接受了挑战。1966 年 3 月，学校正式承担核工业部实战用的转镜式等待型分幅高速摄影机（代号 911），组织了一个强有力的科研组，当时对外叫“911”科研组，由吴敏达任组长，十多名青年教师和三十来名光仪和专仪毕业班的学生参加。科研组分为光、机、电三组，各组你追我赶，研制工作开展得如火如荼。

▲ 250 万幅 / 秒等待式高速摄影机

当时科研条件落后，而任务重、时间紧，科研组人员夜以继日地设计安装和调试，常常加班加点，凌晨两三点成了调试仪器的黄金时间。经过了数不清的失败，科研组终于在 11 月中旬按质、按量、按时完成了任务，三台设备装箱启运。当时，在下达任务之日起已定下高速摄影机的火车托运时间。如果不能按时完成研制任务，即使设备是废铜烂铁也要运走。这是死命令。

1966 年 12 月 28 日，浙大研制的三台高速摄影机成功完成了氢弹原理性塔爆试验的拍摄工作，三台相机均获得核弹爆炸全过程的高清晰度高分辨率的照片记录，结果令人满意，有一台速度甚至超过 300 万幅 / 秒。在试验基地所总结时，参与研制 250 万幅每秒高速摄影机的黄振华、冯俊卿两位教授分别被评记为三等功，赵田冬教授则受到嘉奖。浙大人勇于探索、勇于创新的精神，为新中国国防事业作出了独特贡献！

竺可桢像

▲ 竺可桢像

沿着求是北路，或者求是南路，继续西行，越过智泉路，草坪之上矗立着的就是竺可桢校长的铜像。铜像极力表现他是一位风尘仆仆的行者。他左手挂风衣，右手执柱杖，满脸尽是沧桑，但是双眼却紧紧盯住远方。铜像于 1987 年 4 月落成。铜像身高 3.2 米，净重 2.5 吨，黄铜铸成。由中国美术学院雕塑系应真华教授雕塑而成。

竺可桢是浙江大学历史上最为杰出的一位校长。1890 年，竺可桢出生于浙江绍兴东关镇的一户米商之家。竺家将他视为珍宝，寄予厚望，为他取名“可桢”，所谓“桢”，就是筑墙用的木柱，是竖在两端的支撑，引申意义就是建筑的支柱。显然，竺家希望这第三个儿子长大成人之后能够成为国家和社会的栋梁。竺可桢从青少年时代起就确立了“科学救国”的志向。1910 年，竺可桢参加第二期留美庚款公费生选拔考试，以优异成绩入选，得赴美国留学。来到美国后，竺可桢先后在伊利诺大学和哈佛大学学习农学，当被问到想学什么专业时，他答：“中国以农立国，我要学农科”。在学习中，竺可桢非常留意课堂外的考察与实践，多次举行“黑土带”考察活动。通过实地调查，竺可桢比较与分析了中国与美国农业生产和农民生活的巨大差异，同时也陷入了深深的思考：美国的农业并非中国学习的最佳榜样，“科学救国”的道路还需要另辟蹊径！

1913 年，竺可桢以优异的成绩考进了他理想中的哈佛大学研究院，成为地学系气象学专业的一名学生。1915 年取得硕士学位后，继续攻读气象学博士学位。1917 年，美国地理学会接纳竺可桢为会员，同年竺可桢又获得了伊麦荪奖学金。1918 年，他的博士论文《远东台风的新分类》顺利通过了答辩，竺可桢随之成为我国历史上第一位气象学博士。同年，竺可桢还在美国《每月天气评论》上发表《关于台风眼的若干新事实》，首次阐明了台风眼里温度强烈上升的原理所在。这些最新的研究成果，不仅使竺可桢赢得了国际气

一九三六年出任国立浙江大学校长时，宣誓：

「余敬謹宣誓，余恪遵總理遺囑，奉行法令，忠心及努力于本職，余決不枉費一錢，枉用一人，決不營私舞弊，及授受賄賂。如有違背誓言，愿受最嚴厲之處罰。此誓。」

國立浙江大學　竺可楨

◀ 竺可桢校长像

竺可桢校长就职宣誓

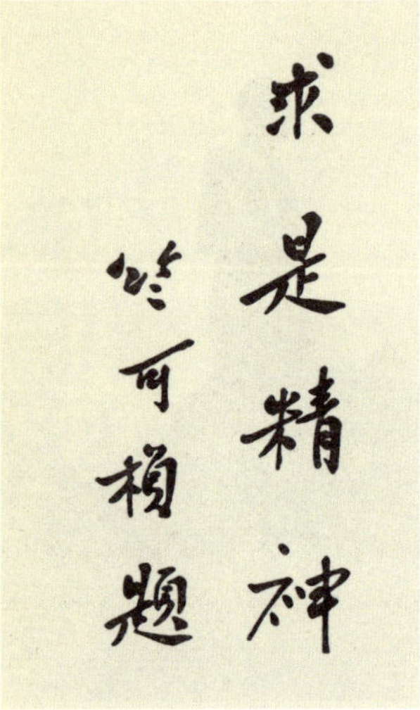

▲ 竺可桢校长题写“求是精神”

象学界的赞誉，同时也为时年仅 28 岁的竺可桢确立了在中国气象学研究领域的权威地位。

1918 年，竺可桢回国。1918—1936 年间，竺可桢先后在武昌高等师范学校（武汉大学前身）、南京高等师范学校、东南大学、商务印书馆、南开大学以及中央研究院气象研究所担任教职、编辑和气象研究工作。

1936 年，竺可桢承蒋介石之命，出任国立浙江大学校长。起初，竺可桢并不愿意放弃自己在气象学领域的研究工作。在他看来，自己只是一个读书人，对科学研究有兴趣，而对管人则无意气。但是受亲友、特别是夫人张侠魂的鼓励以及对于家乡大学前途的忧虑，最终促使他战胜自我，承担起了领导一所国立大学的重任。他向蒋介石开出三个条件：一是用人有全权，二是经费源源不断，三是任期以半年为限。三个条件的提出，使得竺可桢办学有了与众不同的有利资源。同时，他在来校之始就提出极有见地的三条办学方针，也即办学三要素，分别是教授人选、图书仪器等设备和校舍建筑，而在“这三者之中，教授人选的充实，最为重要”，因为“教授是大学的灵魂，一个大学学风的优劣，全视教授人选为转移。如果大学里的教授以研究学问为毕生事业，以培养学生为崇高职责，就能养成良好的大学学风，培植出博学敦行的学者。”实践证明，竺可桢提出的三个办学要素至今都是大学办学者应当引以为圭臬的办学要旨，具有极其深刻的指导价值；这也是竺可桢在 20 世纪 30、40 年代领导浙江大学、缔造“东方剑桥”的秘笈所在。

▲ 竺可桢在中国科学社年会上做学术报告

然而世道艰难，日本军国主义自甲午战争以来对中国的侵略步伐从未停止，一场中日之间的生死较量注定要有一个了结，只是谁都没有想到会在 1937 年的那个深夜骤然爆发。这次骤然爆发的抗日战争，葬送了日本军国主义半个世纪以来在中国大陆所积累的军事优势，同时盛开出了一朵“东方剑桥”名校之花却是谁都未曾料及。

抗战爆发后，作为浙江大学校长的竺可桢为了保护文脉，保存文明，保留人才，一方面率领全校师生坚持西迁办学，从浙江杭州出发，相继在浙江于潜、建德，江西吉安、泰和，广西宜山，贵州遵义、湄潭等地坚持西迁办学，路途辗转，历尽艰险，被誉为“文军西征”；另一方面竭力革除

▲王琎像

▲王淦昌像

▲谈家桢像

▲贝时璋像

▲罗宗洛像

▲张荫麟像

▲李政道像

▲叶笃正像

▲谷超豪像

▲程开甲像

弊病，至诚邀聘贤能，继承“求是”传统，弘扬“求是”精神，推行“民主办学”、“教授治校”的现代大学制度，凝聚了苏步青、陈建功、王琎、王淦昌、谈家桢、贝时璋、罗宗洛、马一浮、张荫麟、梅光迪、张其昀等大批名师，培养了李政道、叶笃正、谷超豪、程开甲等一批杰出的人才，办学质量不断提高，把浙江大学建设成为一所以“东方剑桥”之名享誉世界的高等学府，在近现代中国大学史上缔造了一个光辉典范。

由于办学业绩突出，竺可桢本人则被誉为“我国近代科学家、教育家的一面旗帜，气象学界、地理学界的一代宗师，献身共产主义事业的一名忠诚战士，……堪称为‘品格和学问的伟人’”。著名遗传学家、中国科学院院士谈家桢曾指出，竺可桢是“当代真正办学成功的校长”之一，而这样成功的校长“只有两个人”，另一人则是“北大蔡元培先生”。

1949年，杭州解放前夕，竺可桢离开杭州，蛰居上海。7月份，受命北上，参加中华全国第一次自然科学工作者代表大会。9月，参加中国人民政治协商会议。10月，应邀登上天安门城楼，参加新中国的开国大典。10月16日，受中央人民政府任命，出任中国科学院副院长，迎来了人生的全新旅程。而他担任浙江大学校长半年的初衷终于以13年的漫长岁月悄然画上了句号。

离开浙江大学的竺可桢，随着时光流逝，被越来越多的浙大师生所怀念、感激，用各种形式来表达自己对一代名师的思念之情。这不仅表现在人们对竺可桢办学思想的研究日益广泛而深入，也表现在人们采用各种形式加以纪念，比如浙江大学采用了“竺可桢教育基金会”“竺可桢奖学金”“竺可桢奖”“竺可桢学院”“竺可桢国际教育大楼”“竺可桢纪念馆”等数不清的纪念形式。如今的求是园，可以说无人不知竺可桢！

图书馆

竺可桢铜像的背后就是浙江大学玉泉校区图书馆，是玉泉校区的标志性建筑之一。1978年，原浙江大学改由中国科学院领导，办学经费得到了较大的扩充，学校党委第一书记、副校长刘丹拍板，在原拟建主楼的地方建图书馆，并组建浙江大学建筑设计研究室，抽调土木系建筑学教师许介三等 18 人，开展新图书馆大楼的设计。经过三年建设，图书馆大楼于 1981 年落成。新图书馆大楼总建筑面积 2 万多平方米，主书库高 9 层，面积 6600 平方米，可藏书 200 万册，是一个规模宏大的图书馆。

1981 年，图书馆由原第五大教学大楼迁入新大楼。目前，该馆有 9 个大阅览室，10 层书库和辅助书库若干，阅览座位 1100 个，藏书以理工类文献为主，兼收经济、管理、文学等类文献，收藏包括图书、期刊、报纸、会议文献、缩微资料、光盘等多种类型的文献约 132 万册。由香港实业家倪铁城先生捐资兴建的浙江大学“倪铁城人文图书馆”和为答谢美籍华裔科学家袁绍文博士对浙江大学的捐赠而专门设立的“袁氏工程图书馆”均设立在此馆。

玉泉校区图书馆是浙江大学求是学子探求科学文化知识的一个殿堂。在数不清的日日夜夜里，这里始终是人来人往，从无间断。无论是风和日丽的美好日子，还是狂风暴雨的恶劣天气，这里的师生们从不为窗外的风云变幻所干扰。他们总是能在数以百万计的图书的海洋中寻得自己心仪的图书，在不知不觉中度过珍贵的大学时代。像潘云鹤、吴朝晖等一大批优秀的求是学子们正是从这里出发，成长为科学界各个领域的顶尖学者、专家。可以这样说，玉泉校区图书馆也是浙江大学培养科学名家的摇篮。

玉泉校区图书馆还是当今国务院总理李克强视察浙江大学、了解浙大文化的一个重要地方。在浙大百年历史上，总理来访虽不多见，但是玉泉校区图书馆却有此幸事。2014 年 11 月，一辆慢速行驶的中巴车悄然驶入郁郁葱葱玉泉校区，在图书馆大楼台阶前停下。笔者有幸亲眼目睹了这一历史瞬间：李克强总理从中巴车里出来，踏上台阶，在浙大校领导的陪同下，一行人快步进入图书馆。他们首先在三楼参观了“求是之路”校史展。“求是之路”暗喻浙江大学百年科教发展之路，也是对浙江大学求是精神的一种阐述。总理对于浙大及其前身求是书院培养的学生蒋百里等一些人物十分熟悉，对浙江大学在20世纪60年代所发明的“250万幅/秒等待式高速摄影机”表现出了浓厚的兴趣，对于浙大在光仪研究领域所取得的成果表示赞赏。

校史展参观结束后，总理在图书馆三楼的阅览室与浙大师生展开交谈。大学生纷纷敞开心扉，向总理倾谈自己对文化、创业等方面的见解与实践，得到了总理的热烈回应。总理说，与大学生交流，是与大学生分享青春。他诠释浙江大学的校训“求是创新”，强调“求是，就是孜孜不倦追求真理，这是创新之基，也是你们走向社会安身立命之本。”他告诫：“浙大学生创业率全国高校第一，创业不仅需要创新意识，更需要文化底蕴和求是精神。”一个大国总理如此推崇“求是精神”，令人敬佩。

▲ 李克强总理参观“求是之路”校史展

▲ 李克强总理与浙大师生见面

总理临别浙大时，亲切地与浙大师生道别，那场面可谓人山人海，激动万分。笔者因近身相迎，奇迹般握到了总理的手。心中的兴奋无以言表。不少友人知此情况，争先与笔者握手，意欲分享幸运，更谑言相戏说：“你要好好保护右手，千万别洗手。”其言之幽默，笔者只得投以会心一笑，而总理光临浙大看望师生，激励求是，则必将名垂浙大校史了。

◀ 玉泉校区图书馆

刘丹像

走进图书馆大楼的一楼大厅，走到底，在靠墙处有一尊半身铜像。铜像的两侧高墙上有四幅烫金大字，分别是：“公忠坚毅”“担当大任”“主持风会”“转移国运”。这十六个字是竺可桢校长对浙大学生的寄语与期望。竺可桢校长期望浙大学生能够成为社会的领袖，为国家、民族贡献智慧，振兴中华。这尊铜像就是刘丹铜像。它是在 2009 年浙江大学举行“名誉校长刘丹百年诞辰纪念会”时落成。铜像上的刘丹，他是那么的慈祥，那么和蔼可亲，仿佛正在叮嘱浙大的学生：要记住竺可桢校长提出来的十六字，要努力成长成为能够为国家、民族作出贡献的人。

刘丹是一位著名的革命家、教育家。1932 年任中国左翼文化界总同盟安徽分会宣传部部长。1937 年加入中国共产党。1939—1941 年任新四军军政治部文书科科长。1949 年，任上海市军管会办公厅主任、上海市政府办公厅主任。新中国成立后历任浙江省人民政府秘书长、文教厅厅长。1952 年起相继担任浙江师范学院院长，浙江大学党委书记、第一副校长。1982 年起，任浙江大学名誉校长。

他是极富魅力和传奇色彩的高校领导人。1941 年，国民党制造“皖南事变”，刘丹亲身经历了这场同室操戈的悲剧，但幸运地突围到了苏北盐城。当时，刘少奇还代表党组织与刘丹谈话，随后给他重新分配了工作。来到浙江大学后，刘丹被认为是“浙大历史上

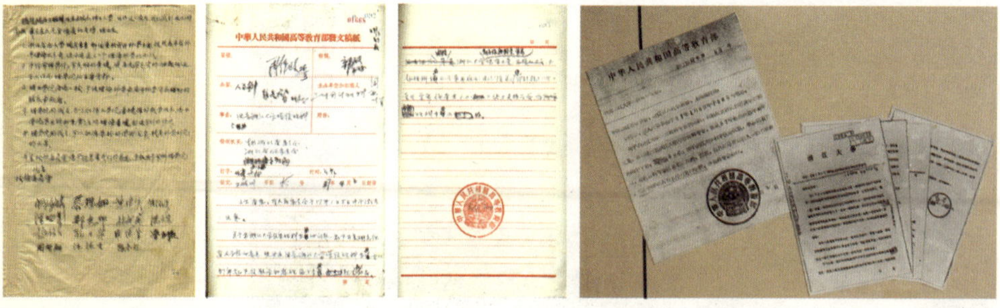

▲ 重建理科的申请与批复

绕不过去的人物”。1952 年全国院系调整期间，浙江大学文学院的主体部分，理学院的部分学系教师，之江大学的文理学院以及浙江师范专科学校合并组建浙江师范学院。刘丹以浙江省文教厅长之职兼任浙江师范学院院长。同年底，刘丹调任中共浙江大学委员会书记。从此，刘丹再也没有离开浙江大学，生为浙大操劳，死为浙大魂牵，受到了浙大师生的爱戴。

经过 1952 年院系调整的浙江大学，由解放前的一所包括文、理、工、农、法、医、师范七大学院在内的学科门类较为齐全的综合性大学调整成为学系仅有机械系、电机系、土木工程系和化学工程系共四系的工科性大学。一般认为，一所仅有工科的院校是很难办成高水平院校的。对于具有悠久办学历史的浙江大学来讲，体会更深。从 1952 年到 1957 年不过短短五年时间，无论是一线的教师还是学校的领导都认识到浙江大学必须重新开办理科。然而，院系调整是党的决策，在这么短的时间内提出重建理科，是需要巨大勇气的。在刘丹的领导下，浙江大学向中央提出恢复理科的建议，高教部批准浙江大学开办数学系、物理系。这是 1952 年院系调整后工科院校开办理科的创举，由此浙大进入了理工结合的办学新时期。

1979 年，为吸收国际先进经验，提升中国大学办学质量，刘丹带领浙江大学代表团一行 8 人出访美国，进行为期一个月的访问。代表团先后访问了纽约、费城、伯利恒、波士顿等 9 个城市和纽约理工学院、斯坦顿学院、哥伦比亚大学、宾夕法尼亚大学、麻省理工学院等 14 所高等院校以及匹兹堡西屋电气公司原子能研究所等 3 个研究所和实验室。访美期间，吴健雄、杨振宁、林家翘、陈省身、徐皆苏、田长霖等华裔学者都给予了浙大代表团大力支持。代表团成功架构起与美国中断了 30 年的学术交流渠道，重新建立了联系。代表团还考察了美国大学的办学方针、教育体制，购买了急需的仪器设备，为科研、教学发展提供了经验，创造了条件，为浙大与美国大学之间开展学术与教学交流打下了良好的基础。

在刘丹的主持下，代表团回国后花了整整一个月的时间专门总结了对国外高等教育调研考察的成果。1980 年，刘丹在《人民日报》上撰文谈发展高等教育的问题，引起了很大反响。1983 年，已经转任名誉校长的刘丹与南京大学名誉校长匡亚明、天津大学名誉校长

▶ 刘丹率领浙江大学代表团访美

中国教育报

建议加速建设一批重点大学

南京大学名誉校长 匡亚明　浙江大学名誉校长 刘丹
天津大学名誉校长 李曙森　大连工学院名誉院长 屈伯川

（一）

第二次世界大战后现代科学技术发展迅速，学科的高度分化和高度综合是其重要特征，许多学科相互渗透，理工相通、文理结合，综合性趋势日益明显。世界上各国一些知名的高等学校，几乎全部是综合性的、多科性大学。我国现有高等学校主要分为综合大学（文理科大学）、多科性工学院、单科学院。现在看来，这种学校设置不完全符合科学技术发展的规律，也不完全适应高等教育发展的趋势。就培养具有坚强理论基础、广阔专业知识、水平高、能独立研究解决问题的人才来说，也不是最有效的、最经济的。我国高等学校目前已出现向综合性、多科性发展的三种情况，一是多科性工科院校已有不少学校增设了一些理科和少数文科专业，正向综合性多科性（有所侧重）的大学发展，如清华大学、华中工学院、上海交通大学、天津大学、大连工学院等。二是有些大学已经开始校际协作，走向联合，如浙江大学、杭州大学、浙江农业大学、浙江医科大学等四校已成立校际协作委员会，准备走向联合，以发挥综合性、多科性大学优势，提高教育质量，加速培养高级人才。三是一些新近建立的大学，如西藏大学也是多科性、综合性的大学。我们认为这些趋向对加速发展高等教育、培养高级人才是有好处的，是符合科学技术和高教发展规律的，应予肯定并加以提倡。

（二）

目前我国教育经费太少，智力投资和经济建设投资不成比例、不相适应，使得高等学校多年来一直处于房屋少、条件差、教学科研活动和师生生活不够稳定的状况中，发展提高都有困难。扩大招生没有宿舍，开展科学研究和培养研究生缺乏必要的图书仪器和现代化设备。这种情况对学校工作是很不利的。

科学技术是关键，教育是基础，这是千真万确的真理。第二次世界大战后德日遭到严重破坏，经济濒于破产，它们都只用了一、二十年时间，不仅城乡建设、国民经济迅速得到恢复，而且急剧地发展了。主要原因之一是他们重视教育，有人才。我们认为在我国当前情况下，从全国七百余所高等学校中，选出几十所基础较好、师资力量较强、教学质量和科学研究水平较高，既能培养质量较高的大学本科生，又能培养合格的硕士、博士研究生，规模也较大的院校，作为高等教育建设的战略重点，列为国家重点建设项目，增加重点投资，来增建校舍，添置图书和现代化设备，推动这些学校迅速地扩大本科和研究生招生人数和开展科学研究工作。初步预计，到1990年以前的七、八年中，这几十所大学将能培养几十万高质量的各种本科生，几万名硕士研究生，几千名博士研究生，还能培养一大批相当于大学教授水平的各种学术带头人。这不仅对于九十年代大力发展经济建设将起巨大作用，同时由于这几十所大学本身的迅速壮大，可向全国其它高等学校提供高质量的硕士、博士生和本科毕业生作为补充师资，为九十年代我国整个高等教育大发展打下深厚基础。所以，我们认为这是一项战略性的措施，有助于实现独立自主地培养高级专门人才的目标，也符合国务院关于像抓重点经济建设项目一样抓教育建设这一指示精神。按照马克思主义认为生产力诸要素中人是最重要因素的理论，这些学校培养出来的各类高质量人才，不仅将是我国九十年代高等教育进一步发展的基础，更将是我国在科技文化领域中赶超世界水平、加速社会主义高度物质文明和精神文明建设的骨干力量。他们所创造的价值决不亚于任何一个重点经济建设项目的经济效益，因为作为智力投资的总效益是长远的，其意义是难以估量的。

关于高等教育改革的讨论

▲ 老和山下一园丁印章

◀ 刘丹、匡亚明、李署森、屈伯川：《建议加速建设一批重点大学》（1983 年 6 月）

李署森、大连工学院名誉院长屈伯川联名向中央建议加速建设一批重点大学，得到了中央的高度重视。刘丹等杰出教育家为中国高等教育的未来发展殚精竭虑、倾心谋划，对于 20 世纪 90 年代以后的中国高等教育改革布局产生了深远影响。1998 年浙江大学、杭州大学、浙江农业大学和浙江医科大学四所浙江高校实现强强联合，在某种意义上讲就是刘丹长期以来推动浙江大学从工科大学向综合性大学转型升级、建设一流大学的不懈努力的结果。

1989 年 9 月，一颗为浙江大学、为中国大学的改革发展辛勤耕耘、至死不悔的心脏停止了跳动。刘丹的身后留下了一个正在施行综合改革、各项事业蒸蒸日上、办学实力迅速提升的浙江大学。他在身前以“老和山下一园丁”自诩，直抒对浙江大学这片科教园地的无限热爱。临终之时他嘱咐将他的骨灰扬洒在浙江大学校园。他的心愿得到了浙大领导和师生的尊重，他的骨灰在他亲手兴建的图书馆前、玫瑰园中纷纷扬扬，然后复归于宁静悠远。他在身前为浙江大学不知疲倦地奋斗了 37 年，身后化身为泥，滋养着浙江大学这座科学的重镇，又仿佛化身为每年骄艳盛放的玫瑰，总要在花季来临之时，在玫瑰园中热切地盼望着浙大师生在追求知识、创新科研、服务社会的道路上走得更快速、更稳健。

他有一个不死的灵魂。

站在刘丹铜像前，你会深深思考！

费巩亭

走出图书馆，左转，再左转，是上老和山的坡路。在坡路上，可以看到右手边有一幢高大的教学大楼，即玉泉校区第七教学楼。在其东南角一处水池上，矗有一座四方形的亭子，内有铜像一尊。这尊铜像的主人公就是原浙江大学训导长、政治经济学教授费巩烈士。亭子是为纪念而建，故名“费巩亭”，于1997年浙江大学建校100周年之际落成。亭柱子巍然，整体线条简洁大方，让人平生崇敬之意。亭子左右两侧有“风范沐桃李浩气长存”、“肝胆照日月奇冤难雪”的对联。

费巩是一位极具传奇色彩的浙大历史名人，原名福熊，字香曾，英国牛津大学政治经济系毕业，著名的政治学教授。“九一八”事变发生后改名费巩。1933年秋，应聘到浙江大学任教，讲授政治经济学和西洋史，并兼任注册课主任。

他是一位民主派人士，不参加任何党派，崇尚自由，反对压迫。从英国留学回国后，曾有朋友问起他对路经苏联的印象，他说：“总的印象还不错，有不少新鲜的东西，但我不喜欢强制人们必须去接受某一种思想，把思想也标准化。我希望把道理给人民讲清楚，由人民自由来比较和选择。”他的朋友说：“你是个典型的自由主义者！”费巩回答说：“不管你说我是什么主义，我酷爱这种自由的气氛，我相信每个人自己都长着一个脑子，他们有判断好坏是非的能力。”

他是一位爱国知识分子。1937年抗日战争爆发后，浙江大学举校西迁，历经艰辛。其实，他有优越的家庭背景，父亲费树慰与袁世凯长子袁克定连襟，夫人袁慧泉即袁克定的女儿，经济条件不错，本可以不必追随浙大颠沛流离。但是，他不愿作亡国奴，宁愿选择追随浙大，与迁徙途中的浙大同甘苦，共命运。1940年，受竺可桢校长邀请，费巩经过慎重考虑，决定以“不入党”“不取薪”为条件，出任训导长，成为当时国立大学里面绝无仅有的无党派的训导长。8月12日，他发表《就职宣言》说：“吾的立场，不是政客，不晓得用手段。吾的位置不是活动得来的，运动得来的是政治家。出来做事，是为发展抱负，施行政策，是为学生做事，不是为了私利。同时，吾是个自由主义者，不统制干涉，但并非放任不管，想给你们的是领导，而不是压迫。训导长有人称之为

▲ 费巩像

警察厅长，但吾出来做，决不是来做警察厅长或侦探长，吾是拿教授和导师的资格出来的，不过拿导师的职务扩而充之。吾愿意做你们的顾问、做你们的保姆，以全体同学的幸福为己任。” 在他的支持下，浙大学生创办了生气勃勃的《生活壁报》，批评时弊，关心国事，被称为浙大的“民主墙”。

他上任后发现学生宿舍灯光太暗，就花费大量心血设计了一种亮度大而烟气小的植物油灯，用自己的工资制作了800多盏分发到各宿舍，给学生使用。在此之前，学生使用的桐油灯烟大光弱，一个晚上自习下来，往往鼻孔乌黑，十分难堪。而费巩发明的油灯克服桐油灯的缺点，大大改善了学生学习照明条件，也更加有利健康。同学们为表达对他的敬重与感激之情，亲切地称之为“费巩灯”。

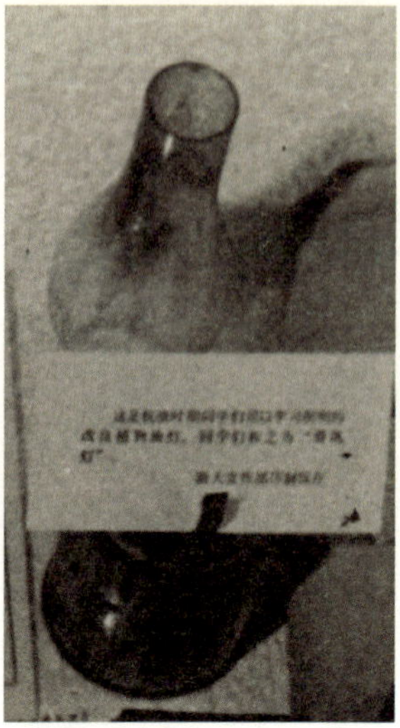

▲ 费巩灯

当时以非国民党籍而任国立大学训导长，恐怕费巩是惟一的。因为费巩坚持民主、自由的思想，不愿加入国民党，不按国民党的指示办事，国民党就坚持反对费巩担任训导长一职。因此，他只当了四个月就被迫辞职。但他忠实地履行了自己的诺言：“身劳而心安为之，利少而义多为之。”因而受到同学的爱戴。

然而，国民党并不因他的离职而中止对他的监视与迫害。1944年2月起，费巩接连发表文章，抨击国民党的腐败统治，赞成中国共产党提出的成立联合政府的主张。1945年1月，应邀赴重庆北碚复旦大学讲授民主与法制。他还多次公开演讲，申明政治主张，遭到了国民党的忌恨。通常认为，1945年2月他在重庆文化界《对时局进言》上签字导致了他最后惨遭杀害。3月5日凌晨，费巩准备再次到北碚复旦大学讲学，却在重庆千厮门码头遭国民党特务秘密绑架。之后，在关押的歌乐山监狱中遇害，尸体被惨绝人寰地丢入镪水池里“化”掉，遇害时年仅四十岁。他是抗日战争胜利后政治协商会议上，中共代表周恩来、董必武、叶剑英等人多次向国民党提出要求释放的五位主要政治犯之一，另外四名是叶挺、廖承志、张学良、杨虎城。

解放后，党和政府非常重视费巩失踪案件的调查，最终水落石出。1950年，华东军政委员会专门派员到费家慰问，并带来周总理的问候和总理亲自批示的优抚金。1978年，上海市政府正式追认费巩为革命烈士。

“生得正直，死得壮烈”。人们将永远怀念费巩烈士。2005年，在费巩烈士遇难60周年之际，费巩亭内中央位置再添烈士铜像。雕像正面碑文篆刻“费巩”二字，碑后篆刻有费巩生平的简介。每当浙大校庆之时，都会有许多白发苍苍的老校友前来探望他，默默地对着他的铜像，口里喃喃，心里戚戚。

浙大师生永远感念以他命名的“费巩灯”，怀念他对学生的好，缅怀他的思想品格和他的爱国情怀。他的精神永垂不朽！

西迁之路石雕

▲ 浙江大学西迁路线图

从玉泉校区的树人路西进，在与体苑路的交界口，学生第三、第四宿舍之间有面石雕，名“西迁之路石雕”。它于1997年浙江大学百年校庆之际落成。石雕中，有提着箱子、昂首阔步的学者，有扛着书箱、跋山涉水的学子，有围坐一团、沉思问学的青年，也有看护幼童，无限慈爱的母亲，这是一幅抗日战争中不屈不挠的知识分子的集体画卷，他们或坚定，或安详，或活泼，却从无沮丧和颓废，充满必胜的乐观和信心。石雕由遵义湄潭政府捐赠。

1937年，日本帝国主义悍然发动“七七事变”，全面抗战爆发。为坚持办学和保存文脉，浙江大学决定举校迁徙、异地办学。从11月11日开始，竺可桢校长率领全校师生员工及部分家属，携带大批图书资料和仪器设备，历尽艰辛，一迁浙江于潜、建德，二迁江西吉安、泰和，三迁广西宜山，1940年1月终迁至贵州遵义、湄潭等地坚持办学近七年。整个行程2600余公里，足迹遍及浙、赣、湘、桂、闽、粤、黔七省，史称“文军长征”。

浙江大学西迁办学的过程中历尽艰辛，吃、穿、住、行都十分困难，甚至付出了生命的代价。在江西泰和办学时，由于缺医少药，竺可桢校长的夫人与次子患病不治身亡，全校师生悲痛不已。在宜山办学时，浙江大学又时常遭受日军突袭威胁。1939年2月5日，日军飞机以浙大为目标，进行猛烈轰炸，师生四处奔命，校舍被毁，许多学生的生活、学习用品完全摧毁。所幸平时防空教育得法，全校人员无一死亡。校务会议决定拨款救济，并征得教师同意后以教职员月薪十分之一作为捐助，分配给受灾同学。1944年，由于日军进攻，黔北战事吃紧，教育部甚至决定解散浙江大学，幸而最终不了了之。

艰难困苦，玉汝于成。战火纷飞阻挡不住浙江大学培养优秀人才、攀登科学高峰的步伐。在竺可桢校长的带领下，浙江大学注重良好校风的养成，确立“求是”为校训，聘请著名国学大师马一浮撰写浙大校歌歌词，着力传承和弘扬以“启尔求真”的科学精神、“开物前民”的创新精神、“无吝于宗”的合作精神、“海纳江河”的开放精神和“树我邦国”的爱国精神为核心内涵的“求是”精神 ，丰富和发展了独具特色、影响深远的浙大文化；实施“教授治校、民主管理”的治校模式，充分发挥教授在人才培养、科学研究、校务管理等方面的重要作用，为浙江大学在逆境中崛起创造良好制度保障。历经西迁磨难的浙江

▲ 张侠魂女士追悼会

▲ 马一浮等部分教师在江西泰和上田村浙大图书馆前合影

▲ 李约瑟像

大学不但没有因为环境的恶劣使办学受到影响，相反在艰苦的辗转旅程之中，云集名师如云，杰出人才辈出，学校规模不断壮大，办学成绩硕果累累，崛起成为一座国内一流、国际闻名的高等学府。

据统计，1937 年至 1946 年间任教或工作于浙江大学，后来成为中国科学院院士、中国工程院院士的教师有 27 位之众，他们分别是：王序、王淦昌、王葆仁、贝时璋、卢鹤绂、冯新德、任美锷、向达、刘恢先、苏步青、吴征铠、吴浩青、张肇骞、陈建功、罗宗洛、竺可桢、苏元复、钱令希、钱钟韩、徐芝纶、涂长望、谈家桢、黄秉维、梁守槃、蔡邦华、蔡金涛、谭其骧等。同时期就学或毕业于浙江大学，后来成为中国科学院院士、中国工程院院士的学生也有 27 位之多，他们分别是：毛汉礼、叶笃正、朱祖祥、姚鑫、李政道、张友尚、张直中、谷超豪、陈吉余、陈述彭、侯虞钧、施教耐、施雅风、施履吉、胡济民、徐承恩、徐僖、郭可信、钱人元、程开甲、程民德、谢义炳、谢学锦、戴立信、黄文虎、池志强、杜庆华等。

这一时期浙江大学的科学研究取得了辉煌成就，比如苏步青教授的《射影曲线概论》《微分几何学》，陈建功教授的《三角级数论》，王淦昌教授的《中子的放射性》《关于探索中微子的建议》，卢鹤绂教授的《重原子核的潜能及其利用》《从铀分裂到原子弹》，谈家桢教授的《亚洲瓢虫色斑嵌镶显性遗传谓理论》《中国西南果蝇之调查与研究》，贝时璋教授的《丰年虫及细胞学研究》，竺可桢校长的《二十八宿起源考》等科研成果，在国际学术界都具有十分重要的影响，有的成果甚至具有划时代的意义。 无怪乎，1944 年 10 月，英国剑桥大学生物学家、科技史家李约瑟博士实地考查了浙江大学之后，对浙大在艰苦条件下的学术空气之浓、师生科研水平之高，十分惊叹，盛赞浙大是“东方的剑桥”，“是中国最好的四所大学之一”。

这一时期浙江大学的办学规模不断壮大。西迁前的浙大仅有文理、工、农 3 个学院，16 个学系。截至 1946 年秋浙江大学复员杭州时，已经有文、理、工、农、法、医、师范等 7 个学院，27 个学系，还有 1 个研究院、4 个研究所、1 个研究室、5 个学部、1 所分校（即龙泉分校，设有 8 个学系）、

▲ 经历西迁的浙江大学教师院士群像

2 个先修班及 1 所附属中学。学生也由原来的 600 余人增加到 2000 余人。在校教授人数由 1936 年的 70 人增加到 201 人，几近 3 倍 。1945 年 8 月，日军无条件投降，中华民族的抗日战争取得了彻底胜利。1946 年 9 月，原分散在贵州遵义、湄潭、永兴及浙江龙泉等地的浙江大学全体师生全部抵达杭州，重新成为一个整体。

20 世纪 30、40 年代，中华民族和中华大地经历了前所未有的沧桑巨变。这一时期的中华民族作出了巨大的牺牲，赢得了抗日战争的胜利；又在中国共产党的领导下，以艰苦的斗争，迎来了社会主义新中国。浙江大学在校长竺可桢的领导下，与祖国共命运，紧扣时代脉搏，弘扬“求是”精神，坚持西迁办学，在逆境中崛起，以“东方剑桥”之名享誉于世，并为新中国的科教事业发展准备了一支大师云集、声望卓著的高水平师资队伍，在中国乃至世界高等教育史上谱写了壮丽华章。

竺可桢国际教育大楼

▶ 竺可桢国际教育大楼

智泉路是一条贯穿整个玉泉校区的南北走向的校园大道。它的北端连接着玉泉校区的北门，即俗称“后门”。北门的附近、智泉路的东侧，有一幢高楼，就是竺可桢国际教育大楼。大楼建筑面积 12640 平方米，于 2000 年 5 月落成，由台湾校友刘奎斗先生捐资 260 万美元建造，浙江大学建筑设计院设计。

刘奎斗是浙江大学工学院 1936 级学生。1937 年抗日战争爆发后，刘奎斗投笔从戎，参加了在浙江、湖北的对日作战。1940 年参加广西昆仑关会战。之后，写信给竺可桢校长，希望回到母校，完成学业，得到竺可桢校长的许可。1942 年毕业于浙江大学工学院电机系后留校任助教。但不久又重新入伍，远赴缅甸作战，曾任驻印远征军独立战车第一营补给连长，战车指挥组参谋主任兼技术主任。1944 年，他参加了缅北瓦鲁班之役，攻进日军十八师团司令部，大获全胜。后移居台湾，任森美工程公司董事长。

刘奎斗校友对竺可桢校长无比崇敬。1997 年浙江大学百年校庆时，刘奎斗先生卖掉自己 1200 平方米土地，将卖地所得 200 万美元以匿名方式全部捐赠母校建造竺可桢国际教育学院大楼暨竺可桢纪念馆。后在得知建设费用不足的情况下，义无返顾拿出了自己全部积蓄，为大楼的建设追加捐款 60 万美元。

一般人可能以为刘奎斗一定很有钱，所以才会这么慷慨。事实却是他并不是非常富有的那种校友。他家里住的房子不宽敞，装修非常一般，他的生活也非常简朴，经常是一个鸡蛋炒一下对付一餐饭，有时候他夫人多炒一些菜，他还会批评。很多旧衣

▲ 刘奎斗像

▲ 刘奎斗与同学参加游击队合影

服家人要扔了，他都不肯扔。但是只要浙大的校友去了，他一定会很高兴地带大家到餐馆吃饭。他对竺可桢校长、对浙江大学的热爱非同寻常。在他家里，墙上挂着竺校长的像，跟他父母的像挂在一起；会客室里，满屋子都是浙大的东西，有浙大的校报，有浙大校友刊物等等。可以说，整个家里都充满着浙大的氛围。不仅如此，每个月的逢一、十五和三十，刘奎斗都要向竺校长鞠躬。这是一种怎样的感恩情怀啊？！

1996 年，刘奎斗随同一批台湾校友来母校，他看到了邵逸夫科学馆，心中十分感慨，认为浙大应该有一个比邵逸夫科学馆更大的竺可桢大楼。他提出，要在回到台湾后发动校友，大家来捐赠建楼。因此，回到台湾后，他自己首先就将地卖了，捐款给母校建竺可桢国际教育大楼。不过，那时海峡两岸的关系不开放、不畅通，这捐款盖楼的事还不能一蹴而就。刘奎斗每次汇钱只能限额 20 万美金，一笔一笔地，他总共汇了 13 次，总额达到了 260 万美元。

刘奎斗捐款还有一种与众不同的做法，他是匿名的。他只是想默默地为母校做点事，不图任何回报，惟一的心愿就是希望浙大越办越好。现在，浙江大学各个校区内的以捐款人命名的煌煌大楼随处可见，而在竺可桢国际教育大楼，如果不认真去寻觅，甚至不能发现任何刘奎斗先生的痕迹。这种淡泊名利、宁静致远的高尚情操，在如今社会熙熙攘攘的名利场上，恐怕早已在茫茫人海中消失得无影无踪了。

先生捐建的竺可桢国际教育大楼建成后，成为了浙江大学国际教育的一个重要基地，是浙江大学国际教育的总部，有力促进了浙江大学国际教育的快速发展。在大楼建成的当年，全校留学生仅 194 位，到 2013 年时已经达到 2499 位，留学生生源分布全世界 140 多个国家。大楼的建成，使浙大可以培养更多优秀的留学生。

刘奎斗先生不仅捐建了竺可桢国际教育大楼，还同时捐资建立了竺可桢纪念馆。该馆位于竺可桢国际教育大楼内，与竺可桢国际教育大楼同时落成。纪念馆面积 200 平方米，主要展出我国卓越的科学家、教育家、浙江大学老校长竺可桢生前的数百幅珍贵照片和数十件遗物，展现了竺可桢先生的人格魅力和卓越功绩，特别是 1937 － 1946 年率领浙大师生员工西迁流亡办学的那段历史，让人们看到了一名伟大的知识分子在烽火时代的选择和风骨，是国内外学者研究竺可桢的一个基地。2007 年，浙江大学校史馆成功申请成为浙江省爱国主义教育基地，竺可桢纪念馆是基地的一个重要组成部分。

▶ 竺可桢纪念馆的陈设情况

邵逸夫科学馆

从西溪路进入玉泉校区的北门，过竺可桢国际教育大楼，一直南下，越过求是北路和求是南路，接近南门不远处的右手边，有一幢如同大船扬帆的大楼就是邵逸夫科学馆。它于1986年落成，由爱乡楷模、浙江宁波籍著名实业家邵逸夫先生捐建。科学馆总投资1000万港币，占地面积20余亩，总面积4815平方米，内建有8个风格各异的小会议室，1个240个座位的学术演讲厅以及餐厅等配套设施。大楼由浙江大学建筑设计院设计，浙江省第一建筑工程公司承建。

玉泉校区的邵逸夫科学馆是香港著名慈善家邵逸夫在大陆捐建高校教学科研大楼的第一个项目。1984年，时任浙江大学副校长胡建雄带着浙江大学代表团到香港访问交流，接受了几个记者的采访。第二天，香港的《文汇报》刊载了关于浙江大学的有关情况。邵逸夫先生有看报的习惯，每天在他的桌子上放三份报纸，一份是中间派的报纸《明报》，一份是右派报纸《中国时报（台湾）》，一份是左派报纸《文汇报》，他是兼顾左中右，都要看。当他看到文汇报上报道浙大的消息时，很高兴，马上就到新华社说："家乡有这么好的大学，我是不是能帮一些忙？"接待邵逸夫先生的是当时新华社的李储文先生。他马上就联系了胡建雄，将邵先生的意图转告浙大。得知邵先生有意相助，代表团的几个人十分感动，提议建设用于科学交流的场馆和用于体育活动的体育馆两个馆。邵先生表示两个馆都可以建设，一个一个建，但是要求代表团回校后写个用行笔书写的、千把字的、几分钟能看完的方案。

▲邵逸夫像

▲张浚生像

▲潘云鹤像

代表团回国后，马上开始按要求做方案，寄给了邵逸夫先生。后来，又召集了设计院、建筑系等所有相关学科的教授一起来设计科学馆的模型，日夜加班，最后终于完成模型，并将模型送到邵逸夫先生手里。邵先生看到后回复说这个设计很好，千里扬帆，寓意深远。邵先生的捐建项目就这样确定下来。1985年元旦，浙江人民广播集团和香港无线台同时广播、宣布邵逸夫先生捐赠浙大1000万港币的消息。

广播播出之后没有多少天，邵逸夫先生就将资金打给了浙江大学。学校迅速启动了邵科馆的建设工程。建好的邵科馆有两个院子，前面的院子取名为珍泉，纪念邵逸夫的夫人王美珍，后面有个小院子取名邵苑，用以感谢邵逸夫先生。

邵科馆建成后，许多重要的学术交流会议在这里举行，成为浙江大学科学交流活动的重要场所。不仅如此，这里还见证了浙江大学历史上不少珍贵的历史瞬间。比如，1998年4月，浙江大学四校合并工作紧锣密鼓进行之际，时任全国人大委员长的李鹏同志来到浙江大学视察，就在邵科馆一楼会议室出席了全校中层干部会议，听取

▲ 1998 年 9 月 15 日，新浙大成立大会

了校领导关于浙江大学实施“211 工程”的汇报。李鹏发表讲话，谈了关于高校的领导体制、办学自主权、学科结构、宏观调控等问题。在四校合并、联合办学这个问题上，他说：“联合办学的问题，我是主张办一批，总结经验，然后加以推广”，他说“要下决心，你们办了，国务院批了，全国就这么一个大的，要下决心办好。”他还说，只要浙大团结一致，有很好的基础，一定能够实现创建世界一流大学的奋斗目标。

邵科馆还是浙江省人民政府新闻办公室和新浙大筹建小组共同举办新浙大成立新闻发布会的地方。新浙大的组建，引起了社会各界人士的广泛关注，各新闻媒体也纷纷把目光投向新浙大，进行深入的宣传报道。1998 年 9 月 7 日，来自新华社浙江分社、中国新闻社、人民日报、中国教育报、科技日报、香港大公报、香港商报等来自海外 40 余家新闻单位的近百名新闻记者出席浙江省人民政府新闻办公室和新浙大筹建小组共同举办的新闻发布会。新浙大筹建小组组长张浚生向记者们阐述了四校合并组建新浙大的重大意义，并介绍了 4 月 30 日筹建大会召开以来筹建工作的进展情况，还简要介绍了 9 月 15 日新浙大成立大会活动的一些安排。新浙大筹建小组副组长潘云鹤在会上介绍了要把新浙大建成世界先进水平的一流大学的办学思想和办学目标。邵科馆见证了新浙江大学这一历史性的成长宣告。

1998 年 9 月 15 日，在经过四个多月的紧张筹备后，新浙江大学正式成立，原浙江大学、杭州大学、浙江农业大学和浙江医科大学实现四校合并。成立大会在智泉路和体苑路之间，永谦学生活动中心南面的邵逸夫体育馆举行。李岚清同志在成立大会作重要讲话，希望浙江大学全体干部、师生员工同心协力，努力实现新浙江大学的发展目标，将浙江大学办成人才培养的重要基地、知识贡献的重要源泉，为浙江省和祖国各地的经济建设、社会发展作出应有的贡献。教育部部长宣布了新浙江大学领导班子名单，张浚生任校党委书记，潘云鹤任校长。

新浙江大学是当时我国学科最齐全的综合性大学，有文、史、哲、经、管、教、理、工、农、医、法等 11 个学科门类，有 145 个本科专业，192 个硕士点、106 个博士点，14 个博士后流动站，13 个国家重点学科，10 个国家重点实验室，2 个国家工程研究中心，2 个国家工程技术研究中心，全国全日制在校学生 34000 多人，其中硕士生 3600 余名，博士生 1800 余人，教职工 1 万多名，其中硕士生 3600 余名，博士生 1800 余人，教职工 1 万多名，其中教授 800 余名，副教授 2200 余名。中科院院士 7 名，工程院院士 6 名，并设有六所附属医院。从此百年浙大开启建设发展的新历程。

▲ 张浚生接受各路媒体采访

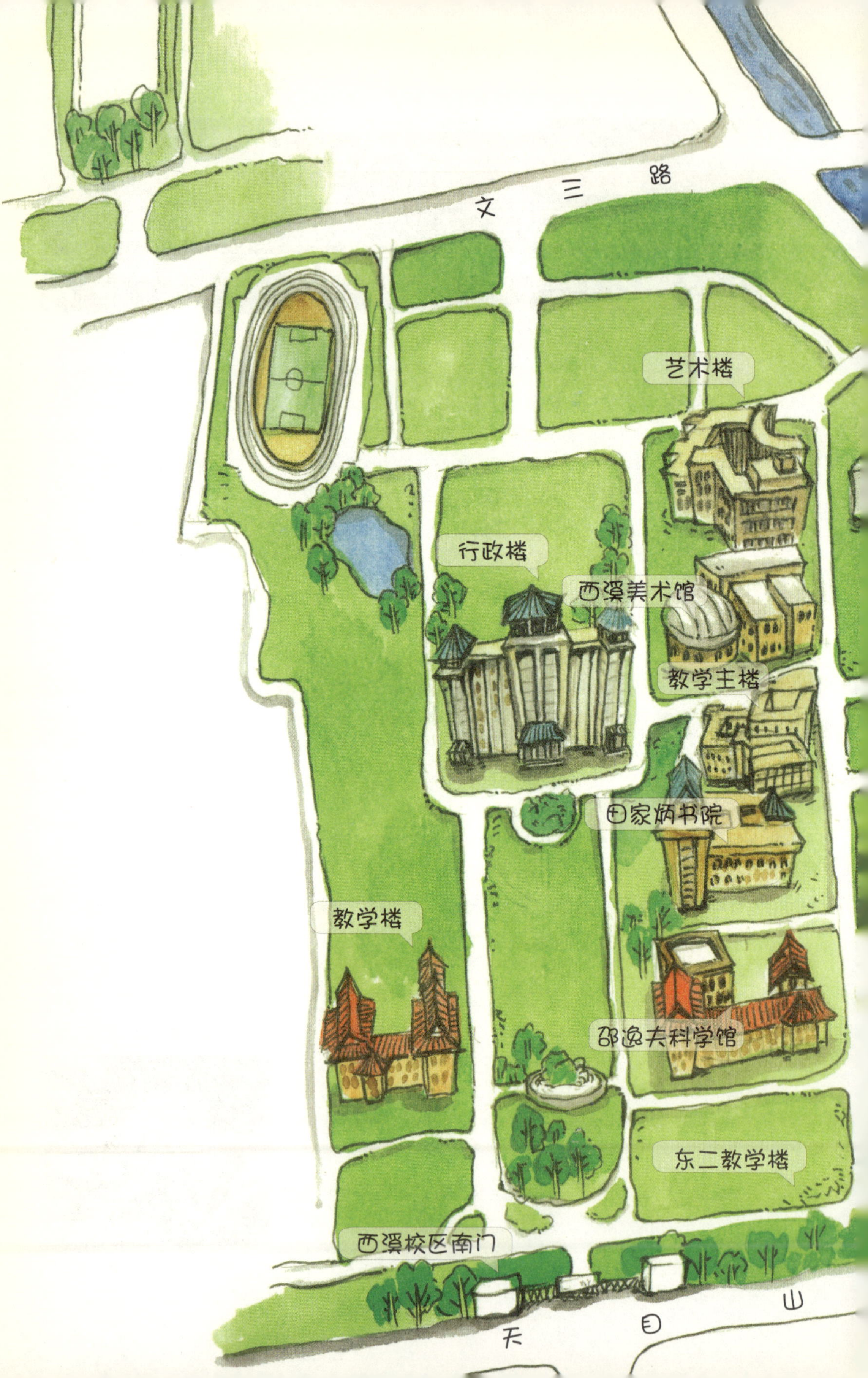

文三路
艺术楼
行政楼
西溪美术馆
教学主楼
田家炳书院
教学楼
邵逸夫科学馆
东二教学楼
西溪校区南门
天目山

西溪校区

▶ 西溪校区南门

西溪校区是原杭州大学办学所在地，处于美丽西湖的北面。以文三路为分界，西溪校区包括南区和北区。南区处于天目山路与文三路之间，北区则处于文三路与教工路十字路口的东北部。整个校区占地总面积684亩，因有西溪河于东侧流淌得名。校区内现有人文学院、传媒与国际文化学院、教育学院等3个学院，设有计算机中心、中心实验室、电教中心，拥有一批先进的教学科研实验设施。校区内还建有档案馆，藏有百年浙大的办学档案与珍贵文物。

杭州大学与浙江大学的历史渊源可谓深且久远矣。早在1921年时就有有识之士提出要在浙江省城建立“杭州大学”。当时所谓的“杭州大学”在内涵上与后来出现的杭州大学完全不同，不过是后来成立的“浙江大学”的一种别名而已。蔡元培、蒋梦麟等一大批学界名流还曾为此呼号奔走。1927年第三中山大学成立后，关于成立杭州大学的呼吁则趋于宁静。

1952年院系调整时，在浙江大学文学院主体、理学部部分学系教师和之江大学文理学院等相关院系的基础上成立浙江师范学院，校址设在钱塘江畔原之江大学旧址。后来，学校随着办学规模的扩大，开始在杭州市区的体育场路、天目山路兴建新校舍。与此同时，成立杭州大学的声音再次响起，并且很快得以实现，其路径则值得一提。

1958年，杭州大学正式成立，校址就在浙江师范学院的北面。但是新成立的杭州大学师资力量较弱。为了提高办学实力，浙江省委决定将杭州大学与浙江师范学院合并，定名“杭州大学”。此后，经过46年的演进发展，杭州大学发展成为一所文、理、商、法、工、管学科齐全、体系完整的省属重点综合性大学，设有13个学院、29个系，建有博士后流动站1个、博士点30个、硕士点61个。学校共有教职员工2700余人，其中教授210余人；有全日制在校学生1万余人，其中研究生800余人。1998年，杭州大学与原浙江大学、原浙江农业大学、原浙江医科大学合并，成立新的浙江大学。1999年，原杭州大学旧址改称“浙江大学西溪校区”。

西溪校区主教学区在南区。这里的校舍顺着南北走向的慎思路、阳明路、月轮路而依次展开。其中，慎思路和阳明路又是校园中的主要道路，慎思路以西为西教学区，阳明路以东为东教学区。校区中慎思路、阳明路的路名也十分有深意。依笔者所思，可能与杭州大学自认之江大学和浙江大学两条学统紧密相关。就之江大学而言，其校园中有标志性建筑即为主楼，又称慎思堂。因此，以“慎思”二字作为路名，显然具有很强的纪念意义。而“阳明”二字则指明代著名的思想家、文学家、哲学家和军事家，陆王心学之集大成者王阳明。他是浙江大学著名校长竺可桢最为推崇的先贤，认为王阳明先生“治学，躬行，艰贞负责和公忠报国的精神，莫不足以见其伟大过人的造诣，而尤足为我们今日国难中大学生的典范。”杭州大学取“阳明”为路名，无疑是要警示学子处处以王阳明先生为榜样，做为人有节、为国有益的社会领袖。其意味不可谓不深远矣！

▲ 西溪校区南门前的杭大记忆

目前，人文学院、教育学院、传媒与国际文化学院、马克思主义学院和心理系 5 个院系设于西溪校区，另有经济、管理、公管、数学、物理、化学、地理、材料、化工、高分子、信电、计算机、生仪、环资、国际教育、继教学院等跨校区院系 16 个。

西溪校区与玉泉校区其实相隔不远。出玉泉校区东大门，顺着浙大路东行，左拐，进入曙光路，越过求是路、黄龙路，行不多远就来到一个丁字路，左边就是杭大路了。见其路名，当知其意了。是的，它在告诉行者昔日的杭州大学，今日的浙江大学西溪校区，就在路的尽头。

求是育英

▲ 求是育英墙

▲ 育英亭

来到西溪校区的南门口，有“浙江大学”四个金色大字就写在门口一面矮墙上，异常醒目。在其左右两侧是两个进出口，无论你是从哪个入口进入，一回身就能发现在这矮墙的背后，还有四个具有浮雕效果的立体大字：“求是 育英”。它与正面“浙江大学”四字一样，都是金色的。如果说“浙江大学”四字是在告诉你这是一个办学空间的话，这“求是 育英”四字却在默默地向你诉说着一段甚至与浙江大学一样悠久而曲折的大学史话。

据笔者感知，“求是”二字具有复杂而深邃的思考。它既指一所学校，即“求是书院”。它是近现代中国高等教育史上国人最早自办的新式学堂之一，开启了浙江省乃至中国的近现代高等教育史的发端，具有十分重要而广泛的社会和历史影响；它也指一种态度和方法，告诫大学师生不可浮躁、不可偏颇、不可盲目、不可无节。按照竺可桢的意见，就是“所谓求是，不仅限于埋头读书或实验室做实验。求是的路径，《中庸》说得好，就是‘博学之、审问之、慎思之、明辨之、笃行之’。单是博学审问还不够，必须深思熟虑，自出心裁，独著只眼，来研辨是非得失。既能把是非得失了然于心，然后尽吾力以行之，诸葛武侯所谓‘鞠躬尽瘁，死而后已’，成败利钝，非所逆睹。”当然，求是也还是一种精神，即求是精神。此点在前文已经述及，就不再赘叙了。

而“育英”二字同样具有双重含义。首先，从字面上看，“育英”二字，令人自然而然地想到，大学应当以培养英才为己任。事实也是应当如此。笔者想要特别指出的是另一种含义，那就是“育英书院”。杭州大学虽然是新中国成立以后出现的一所综合性大学，但是从其溯源来看，她认同求是书院的这条学缘，同时也承认之江大学的学缘传统。之江大学是一所教会大学，由美国南北长老会合办。其前身“育英书院”则是由美国北长老会独办，始于 1867 年美国北长老会在杭州皮市巷创办的“育英义塾”。直到 1897 年求是书院成立的这一年，育英义塾转制成为高等教育，更名为“育英书院”，1911 改名“之江学堂”。1914 年正式更名为之江大学。之江大学在民国时期取得很好的办学成绩，培养了陈望道、朱生豪等许多优秀人才。1952 年，由于中美国际斗争激烈，之江大学由于具有美国教会背景而被政府接管，文理学院并入浙江师范学院。后来浙江师范学院与杭州大学的合并，从而将育英书院的历史血缘融入杭州大学。

浙江大学西溪校区在其大门入口处写下“求是 育英”四字，大概就是为了纪念杭州大学的这段历史渊源吧。然而，这四个字留给人们关于大学育人的路径与目标的启迪，也许更能发人深省。

西溪校区
文保建筑群

从杭大路进入西溪校区校园，在中心大花园的两侧，顺着阳明路和慎思路一直往北，沿途整齐有序地排列着一系列的中苏结合、富有特色的教学楼。它们中不少教学楼建筑年龄多数已经超过了 50 年。比如，东二教学楼（旧称“地理楼”），位于西溪校区阳明路南端东侧，逸夫科教馆南侧，建于 1957 年，建筑面积 4415 平方米，现由建筑设计院使用。西二教学楼，位于西溪校区慎思路南端西侧，东临喷泉假山，建于 1960 年，建筑面积 6082 平方米，是教育学院体育系、西溪校区图书馆书库所在。西三教学楼位于西溪校区慎思路西侧，东临“世纪之光”雕塑，建于 1961 年，建筑面积 7145 平方米，目前是部分党政机关校区派出机构、离退休处、求是物业有限公司所在。另外，学生宿舍七号楼、八号楼同时兴建于 1959 年，建筑面积各为 6102 平方米，目前为新宇集团使用；生命科学院西大楼建于 1955 年，建筑面积 3255 平方米，为浙江大学建筑设计院使用；生命科学院五号楼建于 1955 年，建筑面积 2238 平方米，是学校储备用房；杭大新村 23 幢、杭大新村 24 幢同时建于 1957 年，建筑面积各为 690.49 平方米。上述各楼陆续被杭州市政府发文公布为杭州市级历史建筑，属文物保护单位。

1

2

3

1 东二教学楼
2 西二教学楼
3 西三教学楼
4 学生宿舍 7 幢
5 学生宿舍 8 幢

4

5

东二教学楼

值得一说的是，在西溪校区这些古董级的教学大楼中走出了许多杰出的名师大家。就以东二教学楼为例，这幢大楼虽曾因地理系较早进驻而称“地理楼”，但是事实完全不是那么回事。笔者由原杭州大学教育系毕业，自报到入学的那年起印象中的“地理楼”根本就不是地理系一家所有，地理系不过是在东二教学楼的西部，而教育系则在这幢大楼的东部，有各守一方之势。以“地理楼”称之，早已名不符实。时至今日，无论是“地理楼”，还是“教育楼”都无关紧要了，因为往日早已烟云。无论是地理系，还是教育系都已经从这幢大楼迁出。如今的教育系已经升格为教育学院，迁入了东二教学楼北面的田家炳书院。但是东二教学楼曾经对中国学人的滋养却是不能湮没的。

教育系是原杭州大学办学实力最强的几个系之一，从这里走出来的教育领域的著名学者专家众多，我国比较教育领域中的泰山北斗级人物、比较教育学家王承绪先生就执教于教育系。

王承绪出生于江苏江阴三甲里镇（现为南沙镇）的一个“书香之家”，精通英语、法语、德语、俄语等多国语言，是中国比较教育学创始人之一。他在初中毕业考入无锡中学师范科。时任师范科主任的吴伯昂毕业于东南大学，曾是杜威的学生，杜威来中国讲演时，担任翻译和笔记的就是吴伯昂。王承绪在师范毕业时，吴伯昂给时任浙江大学教育系主任的郑晓沧教授写了一封介绍信，推荐这位青年才俊。于是1932年，王承绪只身来到浙江大学，准备在浙大待一年再作计划。当时的浙大教育系名师云集，教育哲学的孟宪承教授、小学教育的俞子夷教授、比较教育的庄泽宣教授、教育统计的沈有乾教授和教育心理的黄翼教授等都在系里任教。郑晓沧教授发现王承绪学习刻苦，成绩优异，一年后把他留下继续学习。

由于浙大教育系图书室资料丰富，王承绪被丰富的图书所吸引，萌发了钻研外国教育的热情，从而打下了他日后开展比较教育研究的基础。他在一年级的时候就撰写了《意大利的新教育》。此后，又发表多篇介绍苏俄、波兰、墨西哥、土耳其等国教育状况的文章。1938年5月，中英庚款董事会发布公费留英考试的消息，这届考试首次增列1个教育学名额。

当时已经毕业的王承绪从孟宪承先生这里得到消息后当即报了名。8 月初的一天，率先获得录取信息的孟宪承先生满怀喜悦，赶到王承绪住处，轻声地对王承绪说：“取了！”郑晓沧先生则诗以祝贺。值得祝贺啊，因为当时报考这个名额的考生有 120 多人，王承绪是以一当百，真是百里挑一，岂能不贺？

1938 年 10 月，王承绪赴英留学，入伦敦大学教育学院攻读教育学，1941 年获伦敦大学教师证书和教育学硕士学位。留英期间曾担任诺丁汉大学讲师，与中国留学生共同创办《东方副刊》并担任总干事。1945 年“二战”结束后，同盟国在美国旧金山开会决定成立联合国之际，各国教育部长聚集英国伦敦商讨成立联合国教科文组织。王承绪也出席了同盟国教育部长会议，并参与联合国教科文组织成立大会前的一些筹备工作。当时教科文组织筹备委员会秘书处的一项紧迫工作是成立编辑委员会，为联合国教科文组织成立大会编辑《基本教育》一书。王承绪撰写了题为“略论基本教育”的论文，发表在教科文组织的首批出版物中。1946 年 11 月联合国教科文组织在巴黎召开成立大会，当时的南京国民政府派出以赵元任为团长的 22 人代表团参加大会，其中正式代表包括赵元任、程天放、李书华、竺可桢和陈源，钱存典、肖子升、瞿菊农、谢寿康、钱三强、梁方仲、王承绪等担任代表团秘书。会议一结束，王承绪就在《大公报》发表了长达六千言的《联合国教育科学文化组织会议的经过和观感》，全面介绍了会议过程和其中重要的内容。在会议期间，王承绪得到竺可桢校长的邀请，希望这位浙大毕业的优秀学子能够回到母校，执掌教席。

▲ 教育系主办的中英高等教育学术研讨会

1947 年，王承绪回到祖国，来到已经阔别多年的母校。他并没有片刻停歇，以带回的一些英国和苏联的书籍为教材，在教育系开设了“比较教育”、“外国教育论著选”以及“群众教育”等课程。一年后开始兼任教育系主任。1948 年秋，联合国教科文组织远东基本教育国际会议在南京召开，王承绪担任了中国代表团专员。会前，他在《教育通讯》杂志发表文章介绍远东各国基本教育情况。

▲ 2003 年，王承绪获得了联合国教科文组织首度设立的“亚太地区教育革新终身成就奖”，他是全球首位获此殊荣的教育专家。

1952 年院系调整后，王承绪随同浙江大学文学院调入浙江师范学院。以后历任浙江师范学院教育系教授、系主任、副教务长，杭州大学教育系教授、比较教育研究中心主任、高等教育研究所所长及名誉所长、联合国教科文组织 APEID 计划杭州大学联系中心主任，浙江大学教育系教授，第五、六届省政协副主席。曾任教育部国家教育发展研究中心兼职研究员，中国陶行知研究会副会长，加拿大《交流》季刊咨询编委等职。1972 年中国恢复在联合国的合法席位之后，王承绪是中国政府首批派出的在联合国教科文组织工作的学者之一。

改革开放之后，杭州大学教育系迎来了快速发展的新时期。王承绪以杭州大学为基地领导了我国比较教育学科重建和发展，开设比较教育课程，招收比较教育硕士研究生、博士研究生，还与朱勃教授、顾明远教授一起，编写了新中国第一部比较教育学教科书——《比较教育》，在国内外产生了很大的影响。

百年经营，硕果满枝。1993 年，英国伦敦大学教育学院授予王承绪先生荣誉院士称号。2003 年，联合国教科文组织授予先生“亚太地区教育革新终身成就奖”，成为全球唯一获此殊荣的教育专家。2010 年王承绪获中国高等教育学会“高等教育科学研究特殊贡献奖”。

行政楼

▶ 西溪校区行政楼

顺着阳明路从东二教学楼走过，在经过邵逸夫科教馆、田家炳书院，放眼左前方的一幢白色建筑就是行政楼，也是现在浙江大学人文学院驻地。说是行政楼，其实是图书馆的一个组成部分。在其正门口，赫然写着“图书馆”三个大字，为著名书法家沙孟海先生所书。圆润有力的“图书馆”三个字，会让观者浮想联翩，感叹今人书写能力之浅薄。不过，在这里可令人浮想联翩的还有另外一位文学界的风流人物，他就是鼎鼎大名、如雷贯耳的金庸先生。先生于 1999 年受浙江大学所聘出任浙江大学文学院院长，他的办公室就设在这幢行政楼的二楼。办公室面向中心花园，正对着校门，是西溪校区中最为中心的位置。整个校区的四季风光、景致变化都可以尽收眼底，一览无余。

金庸，原名查良镛，系钱塘江北岸海宁世家之后。金庸祖上查慎行是清初大诗人，“国朝六家”之一，曾受康熙皇帝赏识，入翰林院，供职于南书房。康熙曾有御笔写下“敬业堂”三字相赠，以光门楣。后来，查慎行的侄儿查升同样受到康熙赏识，赐赠“澹远堂”三字，制作宅院牌匾。明清以来，海宁查氏家族名臣、诗人、书画家、藏书家、文字学家及实业家代有人出，仅康熙年间就有“一门五进士，叔侄五翰林”之盛况，因此有“唐宋以来巨族，江南有数人家”之誉。金庸自幼受到良好教育，在他 8 岁时，一个偶然的机会读到《荒江女侠》一书。这是他一生中最早读到的一本武侠小说，他被书中的武侠形象所吸引，感叹“想不到世上还有这样好看的书。”也许金庸后来成为武侠小说大家，正是这次邂逅埋下的种子。

金庸与杭州大学、浙江大学都有深厚渊源。早在 1947 年金庸还是《东南日报》的一位记者时，曾有意报考浙江大学的硕士学位，可惜因为经济问题而未能实现。但是，为此事他与浙江大学竺可桢校长曾有一次接触，得到竺可桢的指点。他说：“竺先生对我说的一番话我一直铭记在心，他说‘一个人求学问不一定要有学位，在哪里都可以做学问；第一，做学问是为了服务大众，你当记者就是为大众服务。’这是浙大给我的教诲。”

尽管没有以浙大学子的身份与浙大结缘，金庸却在日后以更加特殊的身份成为浙大的一分子，这倒真是一段佳话。1992 年，金庸来到杭州，访问了当时的杭州大学。这是金庸最早一次来到现在浙江大学西溪校区的这片校园。1993 年，当时杭大的校党委书记薛艳庄和校长沈善洪赴港专访了金庸先生，并当面盛情邀请先生出任杭州大学名誉教授，支持杭州大学的文科建设。先生爽快地予以应允。在 1994 年一个春暖花开的日子，大侠依约回到杭州大学。在授聘仪式上，先生激动地说：“我是海宁人，但原先海宁隶属杭州，所以我也算是一个杭州人。作为一个杭州人，今天能成为故乡著名大学的教授，我感到特别地荣幸和高兴。”就在这一年，笔者考入了杭州大学，可惜错过这场盛景。第二年，先生又受聘浙江大学名誉教授。在 1996 年的授聘仪式上，先生兴致更浓，竟然道出给每一位参加仪式的人签名、合影的愿望。可见其内心之兴奋。正应了一句话：“老夫聊发少年狂”。然而这对于一位当时已经 74 岁高龄的老人来说，显然是不太现实的。笔者以为，先生之所以发如此宏大的心愿，也许是对近 50 年前的那段记忆的无限感慨所致吧：当年欲投考浙大硕士不得，如今一晃几十年，虽然不能实现学生梦，却最终成就了教授缘。

▲ 金庸像

▲ 金庸受聘浙大人文学院院长

此后，随着 1998 年的四校合并，先生由于长期在香港生活、发展，与后来出任新的浙江大学党委书记的张浚生相处融洽，结成好友，而受到张浚生书记的盛情邀请。1999 年，先生正式出任浙江大学人文学院院长。先生是新浙江大学成立后第一位受聘的学院院长，同时由于他武侠大家的身份，顿时引起了海内外学术界和社会各界的关注，时人沸腾。而先生教学、办公所在西溪校区行政楼则一时成为热门之处。仅 2001 年 4 月 13 日，就有台湾记者 20 位蜂拥而入先生在行政楼里的办公室。20 平方米的小小办公室，被摄影记者和摄影器材围堵，简直是水泄不通。记者们有高有低，有站有蹲，有前有后，发问如云，场面煞是热烈。然而，先生不愧为侠之大者，谈笑风生，妙语连珠，拨疑难如流水，室内不时有欢声笑语传出，引得室外不得而入的听客们心生奇痒而手足无措。

经历八年的院长之职之后，先生转任人文学院名誉院长。先生的身影基本不在校园，但曾经的欢歌笑语依然在西溪校区回响。只可惜，事事如在眼前，事事仿如云烟。

古籍阅览室

在行政楼之后，走过一条不长的连廊就是西溪校区图书馆的藏书楼了。在东邻阳明路的五楼馆舍，有一处特殊而珍贵的藏书处，就是浙江大学图书馆古籍特藏所在。目前，浙江大学图书馆馆藏古籍总量达十六万余册，其中善本一千七百余种、二万余册。西溪校区图书馆收藏十三万六千余册，玉泉校区图书馆收藏一万六千余册，紫金港校区图书馆收藏一万余册。所收古籍上起宋代，下迄民国时期，其中宋刻本一部，元刻本五部，明刻本七百余部。据《中国古籍善本书目》统计，有近百种善本书为全国独家馆藏。所藏古籍中以名家稿本、抄本及批校题跋本最具特色，稿本如清代孙诒让稿本二十种；批校题跋本如孙诒让批校题跋本近百种，另有清人何焯、顾嗣立、何绍基、彭元瑞等，近人马一浮、马叙伦、姜亮夫等批校题跋本多种；抄本如明代淡生堂抄本、清代知不足斋抄本、清代内府抄本、清代玉海楼抄本等，都是不可多得之珍品。

浙大的古籍来源主要有两个：一是湖州嘉业堂刘承干之藏书，二为瑞安玉海楼孙诒让之藏书。1947 年春，浙大购买了嘉业堂之藏书，由蒋慰堂、徐森玉、郑西谛介绍，陈布雷赞助，教育部拨款，总共 24000 多册，文学院院长张其昀主持此事。

玉海楼之藏书入藏浙大则经历了一个比较曲折的过程。时任浙江通志馆馆长孙延钊最初出让其父孙诒让之藏书给省立浙江图书馆，馆长陈博文以缺乏资金、又不能保管予以拒绝。孙延钊又想捐赠国立北平图书馆，询问赵万里。赵万里以为这批书应该归浙大。此事为中文系的夏承焘、任铭善所闻知，于是展开说服活动。孙延钊决定将全部之图书文物让与浙大。然而，孙延钊此举遭到族人反对，要求浙大给付 5000 万元作为搬运费。于是竺可桢校长主持召开行政会议与预算委员会联席会议，决定如数拨付孙延钊族人，玉海楼所藏善本终于顺利入藏浙大。

浙江大学对于图书资料的收集历来十分用心。早在求是书院时，学校就设有藏书楼，供学子借阅研习。1927 年，在原求是书院基础上成立的国立第三中山大学下设三个学院，分别是文理学院（1928 年建成）、工学院和农学院（1929 年前称“劳农学院”）。三院都有自己的图书馆。因此，浙大图书馆中的图书，无论古今，还是中外，样样都有。1936 年，竺可桢出任浙大校长后，不仅重视图书资料建设，甚至将图书资料建设列为办学的三大要素之一。因此，浙大图书资料建设成绩十分突出，古籍就是其中一个重要的亮点。在国务院公布的三批《国家珍贵古籍名录》中，浙大有 159 部珍贵古籍入选，入选数量居全国高校前列。入选的珍贵古籍，均为一、二级古籍，其中有元刻本两部，元刻明修本两部，而以明刻本最多。另外，也有不少明清名家稿抄校本，如孙诒让稿本即有七部入选；而明代淡生堂抄本、清代内府抄本、清代鲍氏知不足斋抄本等抄本，亦因其抄校俱精而入选。

浙大古籍阅览室设在西溪校区，主要原因就是西溪校区图书馆收藏古籍最多，在此开设古籍阅览室，便于读者借阅研读。典雅的古籍阅览室采用了仿古明式家具，配以古书、字画、青瓷等藏品，更显古朴典雅，散发出浓郁的书香气息，营造出一个古色古香的一流的学习研究环境。为拉近珍贵古籍与读者的距离，让读者感知古籍之魅力，体味文化之传承，图书馆于 2012 年还在西溪校区图书馆举办了“芸香百年，求是珍秘——浙江大学珍贵古籍展”，参观者流连忘返。

▶ 古籍阅览室一角
（摄影　芮开新）

西溪美术馆

▶ 西溪美术馆

在西溪校区行政楼的东北侧，有一处暗红色的圆形建筑，即为“西溪美术馆”。它与其东侧、北侧的大楼连成一体，一起构成了西溪校区富有特色的、具有地标性意义的建筑群，称“逸夫艺术楼”，于2002年竣工落成，由香港著名实业家、慈善家邵逸夫先生捐资兴建。

西溪美术馆作为逸夫艺术楼的属楼，原作为学生活动中心使用。随着2002年浙大紫金港新校区建成，各校区的一年级新生全部迁到紫金港校区。在2007年，浙江大学建校110周年之际，学校又决定将紫金港校区改作主校区，原分布各校区的党政机关陆续迁入紫金港校区，部分院系也陆续迁入紫金港校区，原各校区的学生数量急剧下降，西溪校区的学生数量同样也变少了，学生活动中心也就趋于形同虚设，功能定位需要转型。2013年，学校为给艺术系的作品展示提供一个平台，决定将学生活动中心改建成为“西溪美术馆”。从此，这里的艺术展览层出不穷，常设常新，颇受青睐，成为游览西溪校区的一个必往之地。

值得一提的是，2013年在西溪美术馆举行的著名国学大师马一浮的书法作品展。这次展览展出了马一浮先生书法作品、手稿等史料共计193件，其中书法作品152件，用信笺、稿纸、小条等小型纸写的诗、文、短语等31件，木刻本马老著作3册，复性书院档案资料7册，另有马一浮先生诗卷、条幅、楹联、横幅等作品、手稿近200件，同时展出的还有最新汇集出版的《马一浮全集》和《马一浮书法集》。这些手稿展品是由马一浮先生的外甥女丁敬涵女士捐赠浙江大学。有人估价，马一浮先生遗珍价值数亿人民币，珍贵之极。展览由浙江大学档案馆和艺术系共同举办，试图展现马一浮先生的学者风范和书法风采，以作马一浮先生诞辰130周年

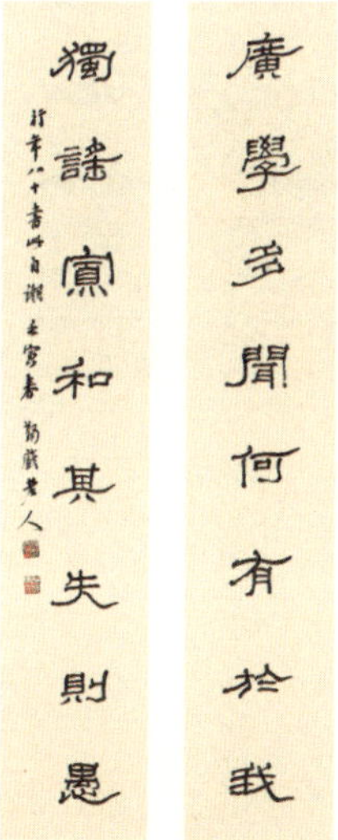

▲ 马一浮像

◀ 马一浮的书法条幅

之纪念。

著名书法家陈振濂教授在展览开幕式上指出：马一浮先生作品捐赠浙大，是学校一笔极其珍贵的文化、学术、艺术财富。马一浮先生代表了一个时代最经典的人文学者中的最高标杆。他既是艺术大师，又是学术泰斗、文化名人，他的作品代表了当代百年书法史上的一个类型，充满了书卷之气，学术之气，成为当代文化史上的独特景观。

马一浮先生诞生于 1883 年，是著名的国学大师和“现代新儒学三圣”之一，在国学、经史、宗教、艺术等多个领域颇具建树，被尊为“千年国粹，一代儒宗”“当代理学大师”。先生有很高的书法造诣，被现代书画名家丰子恺推崇为“中国书法界之泰斗”。先生在 1938—1939 年间执教于浙江大学，先后在浙江大学西迁办学地泰和、宜山，为学生讲授国学。他的讲学内容被汇编成为两部经典著作《宜山会语》和《泰和会语》。他还为浙江大学撰写了脍炙人口、流传至今的浙江大学校歌歌词，2014 年被教育部评为“最受网友欢迎的高校校歌 TOP10”榜单之首。校歌云：

大不自多，海纳江河。惟学无际，际于天地。形上谓道兮，形下谓器。礼主别异兮，乐主和同。知其不二兮，尔听斯聪。

国有成均，在浙之滨。昔言求是，实启尔求真。习坎示教，始见经纶。无曰已是，无曰遂真。靡革匪因，靡故匪新。何以新之？开物前民。嗟尔髦士，尚其有闻。

念哉典学，思睿观通。有文有质，有农有工。兼总条贯，知至知终。成章乃达，若金之在熔。尚亨于野，无吝于宗。树我邦国，天下来同。

用文言写成的校歌不过 200 字，但是《庄子》《周易》典故层出，有浙大学子戏言：“能直接读懂的，给个念文学博士的机会都应该。”杜维明称：“对于这首校歌，我还在仔细体味中。‘大不自多，海纳江河；惟学无际；际于天地’到‘国有成均，在浙之滨；昔言求是，实启尔求真’，马一浮描绘了他心目中的大学：学问浩瀚而不自满，求真启智，为国家培育出才俊。到最后的‘树我邦国，天下来同’，更是有海纳百川的心胸，宛若见到大唐气象。”

▲ 西溪美术馆一角

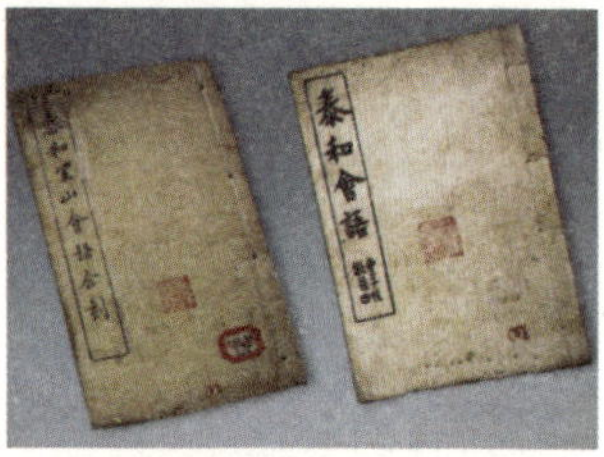

▲《泰和宜山会语刻》

▲ 浙江大学校歌词曲图

建功园

▶ 建功园外景

如果游览者从西溪校区的慎思路北上，折入西二、西三教学楼之间，会发现有一片静默的园林。园中树林葱郁，草坪松柔，小鸟轻鸣，如诉衷肠。这就是为纪念著名数学家陈建功先生而建的“建功园”。

陈建功是著名的数学家、教育家，长期从事实变函数论、复变函数逼近论和微分方程等方面的研究工作，是中国函数论方面的学科带头人和许多分支研究的开拓者。1916 年毕业于日本东京高等工业学校和东京物理学校，回国任教于浙江甲种工业学校（后改称浙江公立工业专门学校，浙江大学工学院前身）。1920 年代独立解决了函数可以用绝对收敛的三角级数来表示等根本性数学问题，得到了关于无条件收敛的判别理论。后又赴日留学，于 1929 年在日本东北帝国大学获理学博士学位。自 1929 年起，长期任教于浙江大学数学系，与苏步青共同创建了浙江大学数学研究所，形成了国际公认的“陈苏学派”。1948 年当选为中央研究院院士。1952 年后，先后任复旦大学教授，杭州大学教授、副校长。1955 年当选为中国科学院学部委员。

陈建功是一位具有爱国情怀的数学家。1929 年，陈建功在日本东北帝国大学研究生院毕业，荣获中国留学生在日本东北帝国大学的第一个博士学位。他的导师藤原教授希望他能留在日本工作，但他婉言谢绝了导师的美意。他说：“老师，我来求学，是为了我的国家，也为了我家里的亲人，并非为我自己。”不仅如此，他还与同在东北帝大的在校生

▶ 陈建功教授以指导读书报告会的方式培养学生和青年教师

▲ 苏步青像

▲ 日本投降后，罗宗洛、苏步青、陈建功、蔡邦华等人成立接收台北帝国大学小组。

▲ 接收小组成员在讨论接收方案。右 1 为蔡邦华，右 3 为罗宗洛，右 4 为苏步青，左 1 为陈建功。

苏步青相约，“我们用二十年的时间，把浙江大学的数学系办成世界一流的数学系。”

怀着创建一流的浙江大学数学系的理想，陈建功在日本获取博士学位后旋即回国。众多大学争相延聘，陈建功还是坚定地选择了浙江大学，邵裴子校长委以数学系主任之职。1931 年，苏步青应约而来。陈建功主动将自己的数学系主任让与苏步青，认为这样更加有利于浙江大学数学系的发展。从此两位教授密切合作长达 20 余年，为国家培养了大批人才，形成了国际上广为称道的“浙大学派”，又称“陈苏学派”。

从 1931 年起，陈建功与苏步青合作创办了数学讨论班，指导高年级学生直接阅读国际最新文献，着力培养学生独立工作和科学研究的能力。卢庆骏、程民德、夏道行、龚升等许多学生，都是在先生们的精心培养下，成为成绩卓著的数学家。

1937 年抗日战争爆发后，浙江大学西迁办学，辗转跋涉 2600 多公里，于 1940 年抵达贵州遵义、湄潭。随校西迁前陈建功把家眷送往绍兴老家，自己只身随校西行，沿途日机轰炸，生活极端困苦，但他的数学研究与教学仍然弦歌不辍。他表示“决不留在沦陷区”，“一定要把数学系办下去，不使其中断。”

1945 年抗战胜利后，浙江大学筹备迁回杭州。生物学家罗宗洛受教育部之命，邀请陈建功同去接收台北帝国大学，陈建功在临行前对同事说：“我们是临时去的。”待接收组完成了接收台北帝国大学、组建国立台湾大学的任务后，陈建功辞去台湾大学代理校长兼教务长之职，又回到浙江大学任教，并在当时由陈省身教授主持的中央研究院数学研究所兼任研究员。1947 年他应邀去美国普林斯顿研究所任研究员。美国优越的科研条件并没有打动他的心，一年后他又回到浙江大学。1952 年院系调整，浙江大学理学院大部分并入复旦大学，陈建功、苏步青等教授都随之调至上海。1958 年，浙江决定新建杭州大学，要求复旦大学归还陈建功和苏长青二教授，复旦大学不舍放回二人，只得忍痛放陈建功一人回到杭州。陈建功回校后，挑起杭州大学副校长的重任，为杭州大学的教育、科研事业投入了自己毕生的精力。建功园的建立，正是为了表彰陈建功为杭州大学，乃至为中国的高等教育所作出的卓越贡献。

文物室

经过西三教学楼往北，在西三教学楼与出版社大楼之间的最深处，紧挨着西三教学楼的是西四教学楼，也就是历史楼了。在教学楼五楼建有文物与博物馆学系文物室，创建于1952 年，内藏有大量历史文物，藏有石器、骨器、玉器、青铜器、陶器、瓷器、书画、钱币、近现代文物和历史文献等各类文物五千余件，其中史前文物、青铜器、钱币、陶器、瓷器五个大类居多，值得一看。

文物室原属历史系所有，后改由文物与博物馆系管理，分展览厅和储藏室两部分，均为长方形建筑。展厅南北向长 15 米，东西向长 18 米，面积不到 300 平方米，文物室的主体部分，多数藏品注明了名称、产地、时代与其来源等内容。正对文物室的入口处，有一高近三米、长近四米的木制屏风，记载着文物室的简要概况。

展厅文物大体按质地排列为九个单元展示，其中纵向（东西向）有五列，占据着展览厅的主体空间；横向两列，占据着东、西两墙壁端；剩下一个独立单元在文物室的东北角。五列纵行中，北一行和北二行主要集中着瓷器、陶器两大类，共有十个展览橱；南一行盛放史前文物，有五个展览橱；南二行展出青铜器，五个展览橱；中间一行有两个部分，较大的一块展出钱币，有十个展览橱；较小的一块展出玉器、铜镜等，四个展览橱。横向两壁中，东壁展出近代一些布匹丝织等文物，两个展览橱，橱侧地上放太平天国火炮一座；西壁展出 1992 年由陕西历史博物馆调入或购入的文物，有六个展览橱。以上各组文物除纵行中间一列，即钱币和玉器、铜镜两组用平面低桌俯瞰式玻璃窗展览橱展出外，其余均为立橱分层立体玻璃式展览橱盛放展览，不管是参观者的观看还是工作人员整理取放，都很方便。最后一个独立单元中，用全玻璃橱窗展出一组较有神态特征、趣味丰富的唐三彩鬼神、人物等造型。各展览橱之间、行列之间都有足够的空间方便参观者参观、研究。

2009 年 9 月，中国科学院院士干福熹先生率中科院上海光机所考古中心的主要技术研究人员一行参观了文物陈列室并对浙大在学校层面上设置科技考古大平台的做法大为赞

▲ 文物室内景及藏品

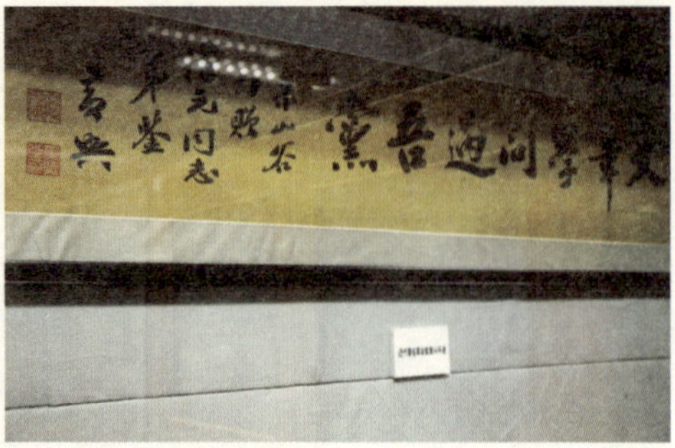

▲ 文物室内收藏的书法题词

赏。文物陈列室自建立以来，已接待了数以万计的中外专家学者和大、中、小学校的师生，成为学校进行教学、科研和爱国主义教育的重要基地，也是即将建成的浙江大学博物馆的重要组成部分。

文物室藏品是历届师生辛勤积累的硕果，钱币、陶瓷、青铜器等藏品丰富，有些还颇为罕见，不仅器形齐全，而且大体上涵盖了历史上各个时期各个地域，自成体系，具有难得的史料和研究价值。尤其是所藏史前文物，非常难得，比如石器中的刮削器、尖状器、砍砸器、石球、有孔石斧、有孔石刀、石犁、石镞、石凿、锛等；骨器中有梅花鹿角、牛牙齿、四不象、齿状器、骨镞、乌龟甲、人牙、兽牙、角锥、骨研、骨锥、骨铲等；陶器有单耳彩陶壶、双耳彩陶壶、陶罐、黑陶豆、陶釜、临洮陶罐、印纹陶罐等；玉器中有玉璧、玉戚等。

世纪之光

在西三教学楼往东，中心花园的中间位置，有一个雕塑，其上半部分像一本打开的书，又似一只展翅飞翔的鹰，叫“世纪之光”。它是在 1997 年，原杭州大学 100 周年校庆之际落成。雕塑主题由数字“100”组成，基座与平台采用花岗岩贴面，重 5 吨。象征着杭州大学在历经百年发展之后，并不拘泥于既得，更不墨守于陈规，而是大刀阔斧自我革新，奋力开拓下一个百年的世纪之光。作者是中国美术学院雕塑系达榴生教授。

杭州大学建设这座雕塑的时候，一定是怀着豪情万丈，希望站在百年创业、硕果累累的基础上，再创新的辉煌。笔者可以从雕塑欲升欲飞的姿势中感知，这隐藏在中心花园之中积蓄着力量的雄鹰，期盼着腾飞。然而，历史的选择却是让这座雕塑成为一所大学消逝的象征，真是令人感怀。1998 年，在国务院的直接领导下，杭州大学与原浙江大学、浙江农业大学、浙江医科大学同根同源的四所浙省强校实现了实质合并。杭州大学正如历史上的之江大学等许多消逝了的大学一样，成为留在人们心中的一座丰碑，并最终化为人们口中道说不尽的传奇。

▶ 世纪之光纪念碑及附近杉树林

艮山路
凯旋路
中心教学大楼
西大楼
东大楼
植物园
和平岛
华家池
东滩
小二楼群
体育场

华家池校区

◀ 华家池校区西门

华家池校区位于杭城东部，东临凯旋路，西至秋涛路，北近艮山西路，南邻凤起路，占地总面积 1484 亩，校舍建筑总面积近 30 万平方米。这里原为浙江农业大学办学所在地。1998 年四校合并后，因校区内有华家池而得名华家池校区。目前主要是继续教育学院的教学、服务之所。

据传明朝初年杭州庆春门外有一华姓富豪，名兴祖。华兴祖家财万贯，田地无数，拥有大小水池 360 个。兴祖家大业大，喜结交权贵。敕差都督蓝公到浙镇守，他就竭力进润。有一天，蓝公来到华家，见金盘玉盏照耀庭堂，歌舞儿女宛若仙葩，遂动了攫取之念。可是，兴祖不肯给予，只说："其他任意择取，此留以乐暮年。"如此闯下大祸，那蓝公竟奏报朝廷称："兹有华家兴祖者，兵丁数千，富可敌国，不早为防，后将难制。"朝廷下了圣旨，兴祖逮捕了。华家池也就逐渐衰落，有的池塘填为平地，但华家池的名字却延用了下

▼ 华家池鸟瞰

▲ 华家池校区

来。关于这段逸事，有史记载："华家池，大百亩。洪武初，艮山门外富民华兴祖构成榭基上，周植奇花异草，镇守都督蓝某见而欲之，兴祖不与，导致籍没。"似乎可以佐证。

相较于杭州大学，浙江农业大学与浙江大学的渊源似乎更为久远。20 世纪 30 年代，浙江大学为了拓展办学空间，购进了华家池周围的大片土地，兴建了大量校舍，作为农学院的办学驻地。1934 年建成的农学院大厦更是辉煌无比，是当时杭城中最高最讲究的一座建筑物。同年，农学院迁入华家池。此后，由于抗日战争爆发，浙江大学西迁办学，华家池的浙大校舍被日军占领。到 1946 年浙大从遵义、湄潭等地迁回杭州时，华家池一片狼藉，最辉煌的农学院大厦被夷为平地。浙江大学不得不进行大规模的重建。

到 1947 年 6 月，陆续建成了"神农馆""后稷馆""嫘祖馆"等。1952 年院系调整后，浙江农学院又陆续兴建了"民主馆""和平馆""团结馆"等校舍，整个华家池校区的办学条件更为优越。目前，华家池校区成为浙江大学继续教育、干部培训、"三农"与农耕文化研究展示以及临床医学和口腔医学教学、实习基地。

除了历史渊源更加久远，华家池校区的校园道路网络也独具特色。整个校区以华家池为中心，将校园内的主要道路分别命名为：华池北路、华池东路、华池中路和华池南路。其中，华池北路和华池南路都是贯穿东西的校园大道。在这里，校园道路的命名完全不同于玉泉校区、西溪校区、紫金港校区的校园道路命名方式，少了些抽象的期许，多了些实在的意味。这恐怕也因华家池校区作为原浙江农业大学的旧址，体现了农业科学教育者比较纯朴的心灵世界吧。

求是奋进

从华家池校区新校门进入华家池校园，走在华池北路上，行不多远，就在左手边有一处宽广的广场，这就是“求是奋进广场”了。它南邻华池北路，北、东、西三面有大楼合围，分别是中心实验大楼、东大楼和西大楼。广场两边植有四季常青的松柏和樟树，各种盆花组成一个个整齐的图案，前方有升旗台，中心有喷泉池和两匹奔马，左侧有浮雕“求是”二字，右侧有“奋进”二字，故有“求是奋进广场”之谓。

奔马因有两匹，因此称“奔马群雕”，系青田石雕艺术品，花岗岩材质，马高 4.5 米，长 5.7 米，重 20.5 吨。奔马群雕远看两匹巨马呈齐头腾飞状，象征着全体师生教学科研工作驰骋飞跃，蔚为壮观。

1987 年 3 月，求是奋进广场建成后，陈云同志于 4 月恰来视察，见奔马欲飞，兴趣盎然，遂欣然写下苍劲有力的“奔腾”二字，激励师生努力拼搏，再创佳绩。

其实，“求是、奋进”四字除了标识一处景观之外，还是原浙江农业大学的办学精神之所在，是老农大的校训。如果说杭州大学将校训定为“求是育英”是因为有“求是书院”和“育英书院”两条文化血脉的话，浙江农业大学则显得纯粹得多，它是 1952 年浙江大学经历院系调整时，由浙江大学农学院单独建院而来。因此，“求是”二字显然是昭示浙江农业大学的求是书院血统，而“奋进”二字恐怕是老农大人在告诫自己，学无止境，科学无涯，无论是作为大学，还是作为师生，都应当以“奋进”的姿态，在求学和创新的道路上不断拼搏，创造佳绩。

◀ 陈云书写的“奔腾”条幅

华家池校区
文保建筑群

华家池校区具有漫长的办学历史，是除之江校区外的浙江大学各校区中办学历史最长的一个校园，众多建筑包括东大楼、西大楼、蚕桑馆、团结馆、和平馆、民主馆、神农馆、西斋、小二楼别墅群，陆续由杭州市政府发文公布为杭州市级历史建筑，属文物保护单位。不仅如此，杭州市人民政府在公布第五批市级文物保护单位名单中，还进一步将浙江农业大学旧址（即浙大华家池校区）作为近现代重要史迹及代表性建筑名列其中，保护范围是南临凤起东路，东至秋涛北路，北邻艮山西路，西到凯旋路，西距贴沙河约 300 米。如此一个宽广的范围都列为文物保护单位，可见其历史文化价值之高。

在这些老建筑中，有的建筑是在民国时期建成的，比如神农馆就是抗日战争胜利后，浙江大学在华家池兴建的农学院校舍。但是更多的老建筑是在浙江农学院时期建成。当时，为适应学校规模和事业发展的需要，浙江农学院在 20 世纪的 50 年代陆续兴建了民主馆、和平馆、团结馆等教学、科研用房。东大楼建于 1957 年，建筑面积 7420 平方米，是继

▲ 和平馆

▲ 民主馆

续教育学院、全国干部教育培训浙江大学基地所在；西大楼建于 1957 年，建筑面积 7420 平方米，是学校储备用房；蚕桑馆建于 1954 年，建筑面积 794 平方米，是动物科学学院实习蚕种场；团结馆建于 1954 年，建筑面积 1354 平方米；和平馆建于 1953 年，建筑面积 1492 平方米，是农学院农药研究所所在；民主馆建于 1954 年，建筑面积 1347 平方米，为浙江大学校史研究会农耕文化研究分会所在，属农耕文化研究与展示基地用房；神农馆建于 1946 年，建筑面积 1150 平方米，是全国干部培训浙江大学基地的后勤配套用房；西斋建于 1946 年，建筑面积 524 平方米，目前是水电保障与建修服务中心办公用房和华家池离退休人员活动用房；小二楼别墅群建于 1957 年前后，单体相近、风格相似的欧式别墅建筑共有 8 幢，总建筑面积为 3000 平方米。

▲ 团结馆

▲ 蚕桑馆

▲ 神农馆

植物园

▶ 华家池校区植物园

进入华家池校区新校门后，才踏上华池北路，在左手边就有一处历史悠久的园地。园内植物错落有致，四季长绿，生机勃勃。它就是植物园。园内拥有植物约 1350 种。其中夏兰梅、铁木等国家一、二、三级濒危植物有 60 余种。目前，占地 0.93 公顷的植物园，一直是浙江大学植物学课程的教学基地，是生物学专业国家基础研究与人才培养基地的实习基地，也是接待省内外中小学生、社会人士参观学习的重要场所，是杭州市民常去的一个科普园地。

植物园起源于 20 世纪 20 年代国立第三中山大学在杭州笕桥创建的植物园。1927 年，国立第三中山大学成立后，开始在笕桥筹建植物园。1929 年 1 月建成，称“国立浙江大学农学院植物园”，又称“笕桥植物园”。这是我国近代史上第一个植物园，也是第一个西式植物园。

1934年，国立浙江大学农学院迁入华家池地域，植物园随农学院从笕桥迁入华家池。1960年，浙江农学院改名浙江农业大学，植物园也更名为浙江农业大学植物园。由于城市发展的需要，凯旋路不断东扩，植物园面积不断缩小。据说，植物园有迁往紫金港校区的计划，不知何时能够实现。

▲ 钟观光像

植物园是著名植物学家钟观光先生创建的。1927 年，第三中山大学成立后，钟观光先生被聘为劳农学院（后改称“农学院”）教授兼仪器标本部主任。他在浙江大学农学院开设植物分类学课程，从事分类学的研究。他深知植物标本的采集和文献资料的收集积累是植物分类学和植物区系研究所必不可少的基础工作，尤其是植物园是农学教育的重要设施。因此当时已近花甲的钟观光教授费尽千辛万苦，耗时两年，先后在东、西天目山、四明山、天台山、南北雁宕山以及普陀岛等地孜孜不倦地采集植物标本 7000 多号和许多活标本。1930 年他还在普陀山上发现了一株其树杈一律成双，绝无错生的植物，后经林学家郑万钧定名为普陀鹅耳枥，至今还未发现第二棵自然生长的此类树种，因此被国家列为特级保护植物。

在钟观光先生的精心耕耘下，笕桥植物园首先建成，约占地 50 亩。迁到华家池后，植物园面积得到扩大，植物园内林木蔚然，花卉争妍，每种植物都挂有牌子，写明该植物的中文学名、拉丁学名、所属科名、分布地区、经济价值等，便于教学和研究，参观者看到后莫不称道。

植物园的建立对我国园林科学的发展起了有力的推动作用。浙大的师生们为纪念这位杰出的植物学家和中国高校植物园建设的先驱者，就在植物园内造设假山，山上设立纪念植物园创建人钟观光教授的“观光亭”。后来，还将明朝植物学兼药物学大家李时珍塑像立于植物园入口处。观光亭与伟大的医药学家李时珍像同处一园，倍相辉映，气象自然不同凡响。

◀ 李时珍像

华家池

经过植物园，顺着华池北路往东，不需要走几步路，就可以看到一片宽广的水面，这就是华家池。它是杭州市内第二大水域，仅次于西湖。现有水面 84 亩，水深 2 米。池四周有“小孤山”“小三潭印月”“小平湖秋月”“小苏堤”等景点，因此有“小西湖”之美称。世人有言“一南一北”，即“北有北大的未名湖，南有浙大的华家池”，是师生们夏季举行划船比赛的理想场所。

华家池周围有多种农业生态系统，果园、桑园、茶园、菜园、大田作物、花卉和渔塘等遍布在华家池四周。华家池畔公园更有模拟乔（木）、灌（木）、草（地）三层结构的森林生态系统。鸟儿在空中飞，松鼠在树上爬，蝴蝶在低空飞和蜻蜓在湖面戏水，水中有鱼儿游，好一派生机盎然的景象。无怪乎，1993 年全国绿化委员会在经过全面的考察评比之后，将华家池校园评为“全国部门造林绿化 300 佳单位”之一。华家池校园还曾被评为“中国高校最美的 66 个地方” 之一。

▼ 华家池

华家池的美丽，是学校努力经营的成果。据浙江大学农耕文化研究专家黄寿波的叙述，20世纪六、七十年代前，原浙江农业大学不仅房屋破旧，道路不平，而且华家池本身也淤泥沉积，排水不畅。每当台风季节，华家池水位上涨，校园道路常被洪水淹没，住在西区到东大楼上班的教授们，要卷起裤腿，赤脚走过被淹的沙石路。旱季来临，华家池水位剧降，露出池床。池边垃圾狼藉，污泥发臭，废弃船只泥迹斑斑。由于华家池没有石坎围护，池岸泥土被池水侵蚀倒塌，沿池岸栽植的柳树东倒西歪，枝枯叶黄，荒草满目，十分荒凉。

1978年后，学校对华家池进行了整治和美化工作。池四周全部建筑了石坎，石坎旁筑有小径，这使华家池岸线更加坚固、整齐和美观，并方便师生在沿岸散步。接着在池畔种植了树木、花卉和草皮，筑水榭、建阁亭、叠假山、铺花坛，设置了石椅、石凳和石桌，添置了游船。从此，华池荡舟成了学生们喜爱的水上游乐活动。1992年，学校又对华家池进行了大规模的清洁整治工作，共清除污泥2万立方米，使84亩水面的华家池，平均水深达2米以上。这样，一个秀丽如画的华家池才最终呈现于游客面前。如今，富有田园诗歌情趣的华家池，引得游人踏入华家池畔半步，便得在此消磨半天。

紫藤长廊。位于华家池西侧、呈南北向，横卧于华家池与东滩之间。它在华家池中架起一座贯穿华家池南北的长廊，于20世纪80年代落成，长约140米。长廊周围种植了紫藤，每到初夏，盛开的紫藤花挂满了整个长廊。紫藤花活泼中透露着优雅，淡紫的串花和鲜绿叶子装点了整个长廊，令人身心愉悦，紫藤长廊也逐渐成为最受师生欢迎的休闲去处。

和平岛。位于华家池校区华家池东北岸。于1954年建成。因时值抗美援朝胜利，顾名思义，师生们期望和平生活。该岛有曲桥与陆地相连，有西湖“小孤山”的戏称。岛上建有六角亭、立蘑菇亭，旁边池中有一座水中塔，是仿北宋苏东坡疏浚西湖时所堆置的三塔而建造，故有“小三潭印月”的美名，只不过西湖有三塔，华家池只有一塔罢了。岛岸叠石参差，水面亭楼倒影，乃休读佳处。

和平岛也是著名农业教育家、原浙江农业大学校长丁振麟安息之所。1934年，丁振麟毕业于浙江大学农院农艺系。1946—1952年任浙江大学农学院农艺系教授兼任农场场长。1952年院系调整后，他成为浙江农学院副院长、院长，1979年任浙江农业大学校长。由于长期在华家池这片土地学习、生活和工作，丁振麟对华家池校园有着深深的眷念。因此，他和原浙江大学的刘丹校长一样，都有一个共同的愿望，就是希望在自己身后，将自己的骨灰撒在自己热爱的土地上。他的遗愿得到了亲属和校方的尊重，他的部分骨灰就撒在和平岛。他将永远在华家池这片美丽的校园里驻守，祈愿浙江大学农学教育与科研不断作出新的更大贡献。

▲ 丁振麟像

▲ 紫藤长廊

▲ 和平岛

桂花亭。位于华家池南岸。建于20世纪80年代初，1986年落成。该亭模仿西湖周围凉亭结构，采用传统的四角飞檐样式，红檐黑瓦，红柱支撑，在绿柳掩映之下就像展翅的飞雁。亭前是一座高约5米的假山，亭后是钓鱼台，周围栽有桂花等观赏植物，构成了华家池畔最古朴雅致的景色，是观花赏月休憩读书佳处，有“小平湖秋月”之誉。

华家池碑。位于华家池校区华家池东岸。碑高约2米，呈灰色，由碑帽、碑身、碑座三部分组成。于1996年落成，由书法家马世晓题写碑名。其背面有碑文简要，记载了浙江大学农学院艰难创立、抗战西迁以及重建校园的沧桑历史。碑文内容如下：华家池之名，始于明初，有华姓者居此而得名。1934年春，浙大农学院自笕桥迁此建院。1937年夏抗日战争爆发，农学院内迁贵州湄潭。1945年抗战胜利回迁，校舍全毁。1946年始，于池周陆续兴建校舍。1978年池周筑石坎，添景增绿。今水面计八十四亩，水深平均二米，校园环绕华家池，环境优美，风景宜人，诚学府中罕有。1996年12月立。

华家池碑是浙江大学华家池校区的标志性人文景观，凡是到过华家池的学子或游客，都要以华家池碑为背景拍照留念。

▲ 桂花亭

▲ 华家池碑

▲ 华家池

嫘祖像

▶ 嫘祖像

位于华家池校区蚕桑馆南侧的草坪上。于 1996 年落成。像高约 3 米，由底座和雕像构成，其中嫘祖石雕像高约 1.5 米，底座高 1.2 米。底座正面刻有“黄帝元妃嫘祖”六个大字。

嫘祖是一位神话传说中的人物。嫘祖原名王凤，是黄帝的元妃，中国上古养蚕治丝的伟大发明家，民间尊奉为“蚕神”。 她自幼聪颖，发现天虫吐丝结茧，首创野蚕家养，又治丝成衣。在嫘祖的倡导下，中华民族的先人们开始了栽桑养蚕的历史。嫘祖成为黄帝元妃后，未尝宁居，随夫巡视全国，教民养蚕，历尽千辛万苦，最后病逝在南巡道上。后世人为了纪念嫘祖治丝成衣的伟大发明，就将她尊称为“先蚕娘娘”。

浙江大学是一处科学昌明的科教组织，凡事讲究科学，按照神话故事在校园内塑立神话人物，嫘祖像可能是惟一的事例，令人惊叹。不仅如此，华家池校区内还有嫘祖馆、蚕桑馆之设。嫘祖馆位于华池中路以南、泥孔塘西侧。蚕桑馆则位于华家池校区的西北角，植物园以北的角落里。

核农所

沿着华池北路往东，走过东大楼，左转进入北向的小径，会路过一幢中苏结合的建筑，就是民主馆了。在民主馆以北的一处草坪上，置有一块黄褐色的巨石，上刻有“核农所”三字，是“浙江大学原子核农业科学研究所”的简称。核农所是一处令常人闻之色变的科研场所。因为它的研究对象和研究手段都与令人恐惧的放射性元素有关。不过，常人害怕的东西，却难不倒一批为科学献身的人，从浙江农学院到浙江大学，以陈子元院士为代表的核农人始终奋斗在核农研究的第一线，为我国核农事业的发展而殚精竭虑，并且获得累累硕果。

核农所的前身为建于 1958 年的浙江农学院同位素实验室，面积约 260 平方米，它是国内教育系统第一个核技术农业应用实验室。1960 年浙江农业大学与省农科院合并时建立农业物理系，并设农业生物物理专业，1982 年经浙江省教委批准建立核农所，1999 年改称为浙江大学原子核农业科学研究所，现在是农业部和浙江省核农学重点实验室的依托单位。

说到核农所就必须记住一个人的名字，那就是陈子元院士。他是我国农业院校第一个同位素实验室的创建人。陈子元院士是在 1953 年从华东师范大学调入浙江农学院，此后无论是 1960 年学校改成浙江农业大学，还是 1998 年浙江农业大学并入浙江大学，他都一直在大学从事教学科研工作。1956 年我国制定了第一个 12 年科学发展规划《1956—1967 年科学技术发展远景规划》，将原子能和平利用列为重点发展项目之一，原子能在农业上的应用随即被提上议事日程。

陈子元带领一批年轻教师到上海参加了由苏联专家举办的“原子能和平利用讲习班”，主讲者是以苏联原子能局局长泽维斯基为组长的 16 位核技术专家，讲习班分设 10 个专题组，陈子元被分在同位素农业应用组并任组长。两个月的培训结束后，陈子元回到学校，组建了我国农业高校第一个放射性同位素实验室，开始了我国核农学艰苦卓绝的先驱之旅。

新建的实验室条件异常简陋，实验仪器短缺，甚至没有放射源。后来在当时中国科学院副院长张劲夫的支持下，才有了放射源，但必须要到北京取回。这样，1959 年 10 月，农学院的两位青年教师受命来到北京，将放射源放在一个铅罐里，再将铅罐放在一只铅桶里，上下左右填满沙子随身携带，就这样乘火车回了学校。但是，这是一种极为危险的做法，有教师回忆：“回来后体检发现，白细胞急剧下降。”这下好了，消息传出，人们对同位素实验室敬而远之，在路上遇到同位素实验的科研人员更是避之犹恐不及。但是，推进科学进步，有时需要作出牺牲。放射源被送到实验室后，陈子元亲自上阵操作。他对年轻的教师们说：“你们还没有结婚，我已经有孩子了，我来吧。”他穿上防护服，在铅砖的屏蔽下打开铅罐盖，取出放射源进行实验。中国核农学的探索就这样开始了。

▲ 1958 年底，放射性同位素研究用的放射性实验室。

怎样才能使原子能的研究促进农业的生产与发展呢？这是陈子元思考原子能和平利用的一个重要课题。20 世纪 60 年代初，农药的广泛应用虽然减轻了病虫害造成的损失，使粮食增产，但大量使用农药也导致农作物产品的污染，农药残留导致人畜中毒事件时有发生。如何减少农药污染？这就需要研究农药使用的安全标准。而要制订标准，就必须搞清楚农药在作物体及周边环境中的动态、数量、质量的变化。要获取农药残留的所有信息，就必须对农药从农作物生长、收获、储存到进入人体的全过程进行了解，而要跟踪全过程，就必须给农药做上标记，这就像给汽车装上 GPS 定位仪器才能进行卫星定位跟踪一样，农药有了标记才能在跟踪中辨析。陈子元将研究方向定位于将同位素技术应用到农业科学和环境科学上，开始了放射性同位素标记农药的合成研究，成为我国最早把同位素应用于农药残留研究的专家。

这是一条前无古人的新路。陈子元带领着他的研究团队，开展了一系列的实验。实验的过程非常复杂，将放射性核素与农药分子合成时，每一步反应都要详细记录，温度、压力、比例反复试验，一次次试验，一次次失败。但是陈子元不灰心，坚持做下去。1973 年初，农业部决定下达全国农药安全使用标准课题，由陈子元总负责。这是一个需要全国农业及有关系统科研人员协作的大课题，需要统领全国有关科研机构协同作战。很快全国 43 个单位 100 多位科技人员云集在陈子元麾下，一场攻克农药残留问题的战役拉开了序幕。

整整 6 年，陈子元运筹帷幄，决策千里，协调各方，戮力同心，课题组共编制出 29

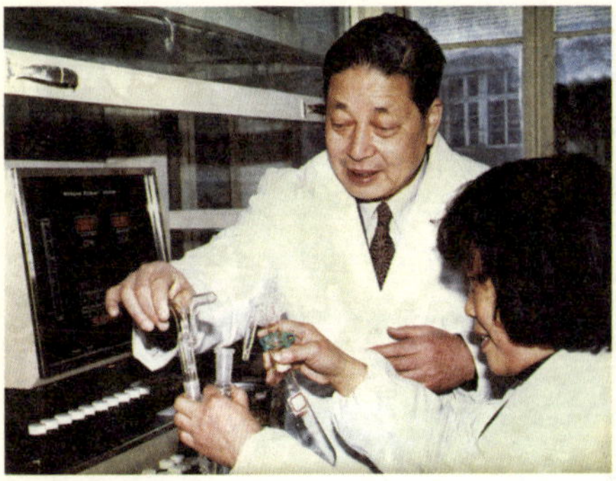 

▲陈子元工作照

种农药与19种作物组合的69项农药安全使用标准。1978年，该项目荣获全国科学大会优秀科技成果奖，农业部技术改进一等奖，陈子元出席全国科学大会并被授予科技先进工作者称号。1979年，我国第一部农药安全使用标准草案编制完成。1984年，国家正式颁布，这部农药国标一直沿用至今。1991年，陈子元因为在核农所领域作出的突出贡献，当选为中国科学院学部委员（院士）。他是我国核农学领域的第一位中科院院士。

浙江大学曾为表彰院士为中国科教事业作出的贡献，专门盖了院士楼。陈子元当然也可以分得一套，但他却谢绝了，他说："离家太远，每天来回核农所不方便。"一句不方便，只为核农研究的心爱事业而弃舍豪宅，其崇高品德真是令人赞叹！

可惜的是，陈子元先生一手创建起来的核农所目前已经被拆除，其所在地块已经被拍卖出让。如今，游览者在华家池校区能够看到的也就是这块默默诉说核农所辉煌往事的巨石了。不过，这也是迫不得已的结果。正如鱼和熊掌，通常不可兼得。浙江大学的办学中心已经移到了处于杭城西北部的紫金港校区，华家池校区原涉农各院系及师生也已经全部迁入紫金港校区。为加快紫金港校区建设，同时降低多校区办学的成本，学校不得不考虑将华家池社区北部约240亩、约占整个校区面积的六分之一左右的土地挂牌拍卖。经过一番激烈鏖战，绿地、滨江、世茂三家房产公司最终胜出，分享这场杭州最豪华的土地盛宴，成交总价高达136.7亿元。这是杭州史上最受关注的一场土地拍卖会，而华家池地块也正式晋级为杭州总价最高的地块。有一个好消息是，据说学校将拿这笔巨款在建设紫金港校区西区的同时重建核农所。

土壤标本馆

位于民主馆北侧，由原浙江农学院土壤农业化学系创立于1958年，陈列了500多个浙江省代表性土种，浙江省四大土壤区域的土壤分布规律的土壤整段标本也在馆里展示，还有全国绝大多数省、区的代表性土壤类型整段标本，贮藏纸盒标本达一千多个。另外还藏有几百个典型的岩石、矿物和稀有风化物等宝贵标本。土壤标本馆在教学、科研和培养学生中发挥不可替代的重要作用，曾是我国高等院校中土壤标本最多、种类最齐、规模最大的陈列馆。

该馆是土化系师生经过几代人的努力，以蚂蚁搬家的精神，不辞劳累、艰苦创业的重要成果。1958年冬，浙江农学院土化系教师利用参加浙江省第一次土壤普查工作的机会，采集到全省代表性土壤整段标本3000多个，从中挑选出500多个土壤整段标本，建立浙江农业大学土壤标本陈列馆。在设馆初期，土壤标本陈列馆仅是一个草棚。之后，土化系教师利用各种方式和途径，不断采集土壤、矿物、岩石和各种风化物的典型标本；不断地

▶ 土壤标本馆外观

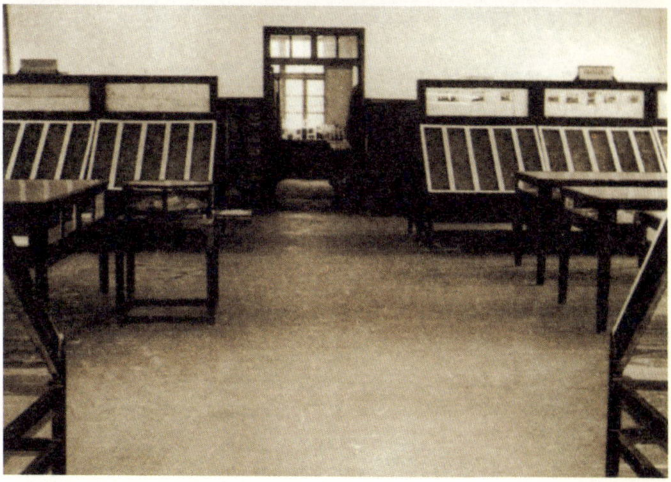

▶ 土壤标本馆内景

与全国各地区调换代表性土壤整段标本，以充实和提升土壤标本陈列馆。

1961 年，浙江省政府批准拨款，由土化系筹划，土壤标本陈列馆建成 520 平方米的砖木结构平房的新馆。“文革”期间，土壤标本陈列馆被改为微生物工厂和印刷厂，土壤标本被迁走。直到“文革”结束后，迁走的土壤标本重新搬回原处。1979 年，土化系再次参加浙江省第二次土壤普查工作，增补了很多标本，并由省政府拨款 35 万元，修复土壤标本陈列馆，由时任校长朱祖祥为土壤标本馆题写了馆牌。

在土壤标本馆的建设过程中，著名土壤学家和农业教育家朱祖祥院士发挥了重要作用。他于 1938 年毕业于浙江大学农学院。1942—1945 年任浙江大学农学院讲师。1946 年、1948 年先后获美国密执安州立大学硕士、博士学位。新中国成立后，朱祖祥任浙江大学农业化学系主任。1952 年，全国高等学校进行院系调整，浙江大学农业化学系奉命撤销，合并到南京农学院，而朱祖祥本人则受命参加浙江农学院的筹建工作。在浙江农学院时期，他致力于浙江农业大学土壤农业化学系和环保系的建立与发展，创建了全国最具影响力的土壤与植物营养和环境工程学科。1955 年，中共浙江省委指示建立浙江农学院土壤农业化学系，朱祖祥受命组建。朱祖祥为建设土壤标本馆付出了巨大心血。正是在他的努力下，土壤标本馆筹集了全省、全国土壤标本，其标本的质量和规模系全国第一，成为国内外宾客必到的参观场所，是当时浙江农业大学的“金名片”。

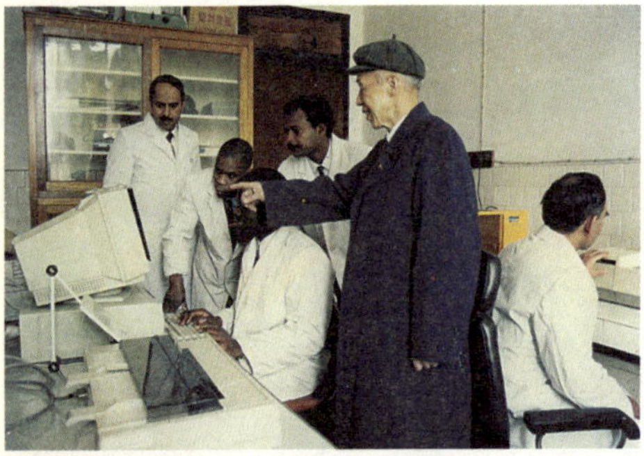

▲ 朱祖祥教授（中）率中国土壤学会代表团赴印度新德里出席第十二届国际土壤会议

▲ 朱祖祥教授在指导外国留学生

朱祖祥还是 1998 年四校合并的重要支持者。1978 年后，许多浙江大学欧美同学会的校友回到母校，在几次校庆期间，校友们都怀念院系调整前浙江大学的办学成就，认为浙江农业大学、浙江医科大学和杭州大学应该回归浙江大学，把浙江大学建成一流的综合性大学。朱祖祥认同这种观点，并着力推进四校合并。1996 年，在北京参加八届人大第四次会议的朱祖祥、王启东代表提出了四校合并的建议，受到了党和国家的高度重视。此后，才有了 1998 年的四校合并。

民主馆

▶ 民主馆

民主馆位于华家池校区华家池北面，中心实验大楼北楼东侧。建于 1954 年，建筑面积 1347 平方米。20 世纪 50 年代，浙江农学院为适应学校规模和事业发展的需要，新建了民主馆、和平馆、团结馆等教学、科研用房，本来还想建友爱馆，但因建西大楼、东大楼而作罢。目前，民主馆是农耕文化研究与展示基地用房，为浙江大学校史研究会农耕文化研究分会驻地。

华家池校区涉农院系迁离华家池校区后，一批对华家池校区拥有深厚历史情感的老教授、老领导，对于超过 80 年的农耕文化历史积淀的华家池校区的保护问题深感忧虑，希望学校重视传承浙江大学自 20 世纪 30 年代以来在华家池校区形成的优秀文化传统，保护浙江大学百年历史文化之根。他们认为，华家池校区不仅具有传承农耕文化传统的重要使命，而且具有得天独厚的有利条件。在华家池校区，内有浙江大学 80 余年的农学科教育与科研史传统，具有传承与弘扬的责任；外有庆春门外的先农坛遗址，大约在华家池校区南侧，目前浙江省农业厅所在地，是清代旧钱塘县、仁和县官员进行祭祀的场所，每年农历二月亥日，举行祭仪，地方官员亲自犁田耕作，耕前祭神农氏、后稷氏、嫘祖氏，耕后发表演说，劝民重视农业，祈祷风调雨顺，农业丰收。这内外在因素为华家池校区开展农耕文化的研究与展示的工作创造了有利条件。

他们推进农耕文化研究与展示基地建设的具体举措就是充分利用华家池校区历史建筑蕴含的特有文化魅力，对学校的涉农学科历史进行深度挖掘，以体现学校农业学科发展特有的载体（纸质、实物、声像等）为内容，建立浙江大学农耕文化研究与展示基地。为此，学校在浙江大学校史研究会之下专门成立了农耕文化研究分会这个二级学会，聘请了二十余位老教授、老专家担任特约研究员，组织开展农耕文化研究与展示基地建设工作。

按照农耕文化研究与展示基地建设工作方案，华家池校区内的民主馆、和平馆、团结馆、蚕桑馆四幢文保建筑，另加土壤标本馆共五个馆舍纳入基地建设范畴。具体来讲，民主馆设为总馆，主要展示中国农业发展概况，中华民族优良农耕文化演变及农耕文化传承等；浙江农耕历史，浙江农业发展特色和优势，浙江农业所获杰出成绩，浙江农业发展方向，浙江大学涉农学科从创办至今的历史发展，浙大农学院的几代大师们如陈嵘、许璇、蔡邦华、谈家桢、吴耕民、陈鸿逵等介绍，还有于子三烈士事迹纪念等。

和平馆开辟为“农机具馆”，主要展示内容有农具、农业机械及食品加工工艺，可以放映农机资料片，讲解农具、农机起源、发展以及在农业生产中的作用，用一小间以图片、书籍等展示学院老师在农机方面教学、科研方面取得的成果。团结馆开辟为“植物标本馆”，展示植物标本、真菌标本、种子标本，通过图片和影像资料，描述果树、蔬菜、茶叶和花卉生长的知识，还可在团结馆边上开辟小型精致的花卉、果树市场，满足市民、游客的购物需求；另外用一小间以图片、书籍等展示农学老师在植物教学、科研方面取得的成果。蚕桑馆开辟为“动物标本馆”，主要展示蚕桑、动物标本、昆虫标本，通过图片描述畜牧、兽医、水产生长的知识。用一小间以图片、书籍等展示农学院老师在动物教学、科研方面取得的成果。土壤标本馆展示内容主要是利用农学院土壤标本的质量和规模系全国第一的优势，展示土壤标本、植保、土化等内容，用一小间以图片、书籍等展示农学老师在土化、植保方面教学、科研方面取得的成果。

按照这些设想，如果都能如期实现的话，华家池校区的农耕文化展示基地倒真会是一个令人期待的科普殿堂。且拭目以待吧！

于子三像

位于华家池校区华家池东岸、东池东路东侧的翠云岭南，于1998年10月落成。像高约0.8米，黄铜铸成。该像之下有基座，高1.5米，实为于子三纪念碑，载有于子三生平事迹。于子三是解放前浙江大学农学院农艺系的学生，曾任浙大学生自治会代表会主席，因组织领导“反饥饿、反内战、反迫害”的爱国民主学生运动，于1947年10月被国民党浙江保安司令部杀害。

抗日战争期间，日本侵略者占领了于子三的家乡山东牟平，不甘充当亡国奴的于子三辞别家人，历经艰辛来到战时陪都重庆，继而于1944年秋考入了当时西迁办学于贵州遵义、湄潭的浙江大学农学院农艺系。由于在著名教育家、科学家竺可桢校长的治理下，浙江大学成为一所崇尚“求是精神”、尊重民主权利、包容思想自由的著名高等学府，爱国民主思想氛围浓厚，于子三为之深受感染。他参加浙江大学学生自治会，担任代表会秘书；参加“战地服务团”，到抗日前线慰劳国民党军队，成为一名思想活跃的进步学生。

抗日战争胜利后，于子三随校迁回杭州本部。在杭州，他参加具有进步倾向的“新潮社”，以实际行动探索青年学生的责任与未来。1947年，在上海成立全国学联，他是最早倡议人。1947年5月，国民政府首都南京学潮涌动，国民政府制造了“五二〇”惨案，学生界为之震动。于子三受浙大学生自治会代表会的推选，当选为浙江大学学生自治会主席，兼任罢课请愿执行委员会主席，从此活跃在学生运动的风口浪尖，同时也更加暴露在国民党特务的眼中。

1947年，“五二〇”血案发生后，于子三领导浙大学生，并联合杭州市各大、中学校学生，在浙大阳明馆前广场举行抗议“五二〇”血案的游行大会。随后，3000多人的学生队伍手挽手，高呼抗议“五二〇”血案、严惩杀人凶手和提高教育经费，反对内战，让老百姓活下去等口号，使当局大受震惊。有中统特务密报国民党浙江省党部，谓浙大学生“联合英大留杭学生及医专、杭高、市中等校举行杭市学生抗议南北血案大游行”，并特别指出于子三是这次游行的组织者。于子三成为国民党特务重点关注的对象。

▲ 于子三在图书馆

与此同时，中共浙大地下组织鉴于于子三在历次学生运动中的突出表现，考虑吸收于子三入党。而于子三则以

▲ 于子三烈士碑文

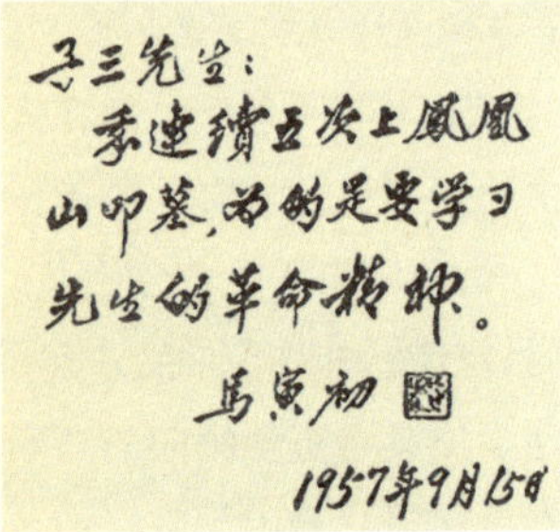

▲ 马寅初谒于子三墓题词

自己暂时还不够党员条件为由，表示暂不入党，愿意首先加入当时浙大党的地下组织外围“新民主青年社”（简称“Y. F. ”），以接受党的考验。他成为浙江大学华家池Y. F. 的负责人后，在领导学生自治会的工作中自觉并主动地接受中共地下党组织的指导，加强了党对学生自治会的领导，并按照党的指示着手推进浙江大学学生自治会代表会的改选和理事会的普选工作。

1947年7月4日，国民党政府颁布《戡平共匪叛乱总动员令》，借“戡乱”之名，使一切逮捕、监禁和屠杀人民的暴行合法化。9月，蒋介石又在南京召集各地特务会议，部署对爱国民主人士的大迫害。一场腥风血雨向进步学生疯狂袭来。10月20日，特务学生李某偷拆于子三信件，得知新潮社将于近日聚会。中统特务据此如获至宝，认为是共产党骨干在杭州聚会，便紧急下命令，跟踪于子三及从上海而来的新潮社社员陈建新、黄世民二人，并伺机逮捕。25日晚，于子三在车站接了陈、黄二人以后宿于大同旅馆。次日凌晨，经浙江省主席沈烈钧的亲自批准，杭州警察局、警二分局协同中统浙室以查夜为名，悍然逮捕了于、陈、黄等四人。竺可桢校长曾为营救于子三等学生奔走呼号。10月29日下午，遭受严刑的于子三，在浙江省保安司令部监狱惨遭杀害，年仅23岁。

一个有理想、有抱负、有毅力的年轻人就这样倒下了。但是在他的身后却站起来了无数的有理想、有抱负、有毅力的年轻人。全国各地，包括清华大学、北京大学等高校在内的学生们毅然决然地走上街头，开展反饥饿、反内战、反迫害的爱国民主学生运动。这些抗议行动此起彼伏、波澜壮阔，构成了解放前夕国统区内最后一次具有全国性影响的学潮。于子三的牺牲，加速了国民党统治瓦解，在中国青年学生运动史上写下了非凡的篇章。

为了纪念这位浙江大学农学院的学生和浙江农业大学的优秀学长，老农大于1983年清明节在红八楼广场南侧建立于子三烈士纪念碑，并将红八楼广场改名为“子三广场”，后又在子三广场中心立起了于子三塑像。1992年10月烈士遇难45周年之际，原立在子三广场的于子三铜像和纪念碑，移至华家池畔东翠云岭南的现位置重新安置，以彰显其光辉事迹，供人驻足景仰。每年清明节或于子三的忌日，都有师生来到于子三像和纪念碑前献上一束白花，以寄托对烈士的哀思，怀念烈士对新中国建立的贡献和献身精神。

如果你在清明时节来到这华家池这片美丽的校园，也来到华家池东侧的翠云岭南，见到英雄，笔者希望你也采一朵鲜花放在他的面前，不必言说任何话语……

小二楼群

▲ 小二楼

位于华家池校区华家池西南岸。建于1957年前后。由体量相近、风格相似的8幢欧式别墅组成。小二楼皆为砖墙瓦房的二层小楼，建筑面积约3024.8平方米，砖木结构，用红砖清水墙、坡面屋顶的外观形式和西方传统的砖石承重和木屋盖相结合的结构体系，为“T”或“十”字型屋脊，坡屋顶、红色清水砖外墙，典型的苏式建筑，外观简洁，具有鲜明的时代特征，代表新中国建国初期高级住宅形象，具有鲜明的时代特征和历史、艺术价值。小二楼共8幢32户，吴耕民、朱祖祥、游修龄、陈锡臣、陈子元等校领导和著名教授都曾经或正于此居住。

吴耕民是著名园艺学家、园艺教育家，中国近代园艺事业的奠基人之一。他毕生致力于园艺教育，是中国园艺学会成立发起人之一，参与创建我国首批高等院校园艺系，培养了我国几代园艺人才。他运用近代园艺科学知识，调查整理我国果、蔬生产经验，传播国内外园艺良种和栽培技术。他对中国温带及亚热带果树的栽培造诣深厚，果树修剪的理论与技术尤为突出，著有《果树园艺通论》《中国蔬菜栽培学》《中国温带果树分类学》《蔬菜园艺学》等专著，为我国的园艺学填补了空白。

游修龄是著名农史专家。历任浙江大学、浙江农学院、浙江农业大学农学系助教、讲师、副教授、教授、系副主任、教务处长、图书馆馆长等职。兼任中国自然科学史学会理事，中国农史学会副理事长，《中国大百科全书·作物卷》农史分支主编，《中国农业百科全书·农史卷》主编兼撰稿人。他是当代中国稻作史研究的奠定者与带头人。1972年，在余姚河姆渡遗址发掘出土的诸多文物中，一堆沉睡了7000多年的稻谷，虽已氧化为乌黑的碳，但是依旧颗粒饱满。这怎么回事？考古界完全陌生。找谁鉴定？考古队员也疑惑不定。游修龄在非常有限的条件下，根据考古发现，证明了中国是迄今为止世界最早的水稻发源地，引起中外农业界和考古界的重视。

陈锡臣是著名的小麦专家、农业教育家。1939年毕业于浙江大学农学院农艺系后留校任教。1956年经教育部批准为部聘教授。历任浙江农业大学农学系副主任、主任、浙江农业大学教务处副处长、浙江农业大学副校长兼教务长、浙江农业大学顾问等职。陈锡臣教授以小麦生态、栽培、育种为主要研究方向，先后发表论文几十篇，主持培育的优良小麦新品种有：“辐32—2”“辐32—3”“嵊太”“浙农大105”等，在生产上进行大面积推广种植。

▲ 吴耕民工作照

▲ 吴耕民从杭城市郊农家选育出的“浙大长萝卜”闻名全国

图书馆
白房
小礼堂
慎思堂
西斋
10号教学楼
11号教学楼
12号教学楼
13号教学楼
14号教学楼
铁

之江校区

之江校区是原之江大学办学所在地，位于钱塘江北岸、六和塔边的月轮山峦。占地面积650亩，校舍建筑总面积7万平方米，解放后历经辗转，成为浙江大学拥有的又一处绝美景区式的办学园地。目前也是光华法学院和人文高等研究院的教学、研究之所。

▲ 之江校区校门

之江大学具有悠久的办学历史，追溯其源头甚至可以找到1845年它在浙江宁波创建的“崇信义塾”的身影。当年，美国基督教北长老会海外差会派往中国传教的先行者、传教士、医学博士麦嘉谛和传教士、医生祎理哲在宁波共同创办了这所男生寄宿学校。它是浙江最早开办的男子洋学堂，也是外国传教士在中国最早设立的学校之一。

1867年秋，在中国教员吕文振的协助下，崇信义塾从宁波迁入杭州的皮市巷，学校更名为“育英义塾”。经过30余年的艰苦办学，这所新式学堂取得了很大的发展。1897年，经美国北长老会差会同意，转制办理高等教育，正式更名为“育英书院”。1906年，美国北长老会决定将日益发展的育英书院扩充为大学，但是杭州城内地域狭小，已经无法容纳。因此，决定到城外寻找新的办学之地。董事会任命了一个由周梅阁、裘德生、王令赓、马尔济等人组成的教职员委员会来负责新校址的选址、购地、建设等具体事务。委员们于1907年初，在察看了杭州市郊几个地点之后来到了六和塔西边、钱塘江畔的秦望山，他们立即为这里优越的地理位置和秀丽的自然景观所深深吸引。在这里，秦望山脚下的钱塘江大拐弯摆出了一个反“之”字形，江面开始宽阔，江水沿着杭州市郊的青葱的群山静静流向杭州湾；秦望山上则是林木茂盛，郁郁葱葱。委员会决定将新校址选于此处。从此，一个关于教会大学的百年传说得以书写。

选定校址后，募集资金、购买土地和基本建设的工作就马不停蹄地铺展开来了。到1910年，600多亩的山地平整工作完成。当年9月，校舍建设工程正式开工。1911年新年后，慎思堂等

▼ 之江校区全貌

▲ 之江校区鸟瞰

主要校舍陆续完工，形成相当规模的建筑群。这些新校舍各具特色，掩映在绿荫之中，与东边月轮山上古老的六和塔遥遥相对，四季美景令人陶醉。学校迁入新校园，改称“之江学堂”。1914 年，美国南北长老会差会以及大学董事会一致通过决议将“育英书院”改名为“之江大学”。1952 年，在全国性的院系调整中，之江大学终结了她独特的历史轨迹，成为一所“消逝的大学”。

“之江大学”虽然消失了，但是之江大学的旧址依在。岁月流变，这曾经的教会大学的美丽校园并没有从此沉沦，而是在新中国的高等教育事业中发挥着日益重要的作用。1952 年院系调整后，这里成为浙江师范学院的办学驻地。后来浙江省委党校来到这里。1958 年，浙江大学组建核物理系后，这美丽的校园投入了浙江大学的怀抱，成为“浙江大学物理无线电系”的乐园。1992 年，经原国家教委批准，浙江大学在此建设基础部，作为重点项目列入国家“八五”计划。后改为浙江大学之江学院。四校合并后，这里又成为浙江大学之江校区。目前，之江校区主要的办学单位是浙江大学光华法学院。学校另设有之江校区管委会负责之江校区的日常管理工作。

如果你走在六桥起伏的苏堤之上欣赏四季变幻的西湖美景，在领略自然风光之余，想再到浙江大学之江校区寻找自然与人文深度契合的胜境，你就可以沿着苏堤南下，右拐，走过一小段南山路后，顺着虎跑路西进了。一直到了钱塘江畔，再沿着之江路西去，在钱潮声浪中来到六和塔下，之江校区就近在眼前了。从之江路的一条侧路上坡，也就是舜禹路上山，秦望山的气息从你的鼻尖袭来，透着一丝清凉，会有一种奇怪的感受。

显然，相对于玉泉校区而言，之江校区在办学位置上太偏僻了。但是钱塘江的潮涌，六和塔的沉稳，教会大学遥相倾诉的历史回响，国家级文物建筑保护单位的光环，还有浙江大学大踏步向世界一流大学迈进的嘹亮放歌，这一切都引得无数游览者争相来访、一睹为快。如果你也来到之江校区这片百年校园，看到这里风格迥异的校舍建筑、曲曲折折的校园布局、幽静的山谷、平静的湖面和满山满园的鸟语花香，你也肯定会为之动容。

之江校区文保建筑群

之江校区设有东、西两个门，东门为正门。正门前有一块平地和小草坪，草坪中间竖立有一根旗杆，草坪前安放一块石刻校园平面示意图，游览者可以据此规划自己的行走路线。校园里面众多欧美式的校园建筑都已经具有很大的年龄，有的甚至超过了百岁。许多建筑都已经成为国家级的文物建筑。这些建筑包括：主楼（慎思堂）、钟楼（同怀堂、经济学馆）、图书馆、小礼堂（育英堂、都克堂）、一号楼（甘卜堂、东斋）、二号楼（惠德堂、西斋）、三号楼（工程馆、机械楼）、四号楼（裘德生科学馆）、五号楼（材料试验所）、六号楼（佩韦斋、女生院）、后六号楼（女生膳厅）、绿房（九号楼）、白房（卡特楼）、灰房（康沃斯楼）、下红房、下红房（帕斯顿楼）、中方教授别墅群楼（共三座）、体育教研室、附属小学宿舍、学生服务部群楼（共两座）、情人桥（钟楼东南面的花园中曾建有临江亭）、天文台（费城天文台）等。

以上建筑始建于 1907 年，分二期建设，共有建筑 40 余幢，建筑面积 7 万多平方米。单体建筑体量均较小，以三层为主，红砖清水外墙，红瓦顶为主基调。之江校区的这些老建筑是西方近代建筑糅合东方建筑而成，带有一次大战和二次大战间兴起的欧洲近代建筑的风格，也留有文艺复兴时期的影子，是中国最早具有明显西方校园规划设计特点的高校校园之一，也是第一批由外国建筑师规划主持设计的高校校园，更是中国由传统建筑体系走向西方建筑体系这一转型期的重要实例，具有很高的建筑艺术价值和历史文化价值。之江校区是中国大陆极其难得的教会大学完整保存的范例，有“保存相当完整的近代大学建筑群”之称，曾荣获世界近代学府建筑完整保护建筑第二名。2006 年 5 月，之江大学旧址被国务院核定公布为第六批全国重点文物保护单位，是全国惟一的教会大学旧址，整体列为国家级重点文物保护单位。

▲ 育英堂，原名都克堂，即小礼堂

▲ 灰房

▲ 慎思堂

▲ 1号楼　东斋

▲ 2号楼　西斋

▲ 3号楼　机械楼

▲ 4号楼　裘德生科学馆

▲ 5号楼　材料试验所

▲ 6号楼　佩韦斋

▲ 7号楼　教堂楼

▲ 8号楼　男生宿舍

慎思堂

▲ 慎思堂

原名“总讲堂”，又称“主楼”“主课堂”，位于之江校区钟楼北面，第 3、4 楼之间。始建于1910年，1911年2月竣工落成。由美国俄亥俄州克利夫兰市赛佛伦斯先生捐资修建，以其名命名该建筑，故被称为赛佛伦斯堂。建筑以红色清砖砌成，屋顶原有东方式的两层飞檐角，后修复成简洁的四坡顶；下面有点缀式的圆拱型窗户；底层是多立克石柱的门厅。中段南立面有女儿墙，上升约一米，中间高而突出，采巴洛克曲线形式，且檐口有多层线脚装饰，上题“慎思堂”三个字。1985 年大修时将巴洛克曲线形式改为现在的平直形式。它是一座多功能综合性主体建筑，曾经迎来许多重要的来宾。

1912 年 12 月，刚刚辞去临时大总统职务的革命先行者孙中山先生以全国铁路督办的身份来浙江考察，在杭期间，他专门访问之江学堂。新校区是如此的漂亮，以至于孙中山参观了新校区之后，给予了极高的赞誉，并非常感激传教士们在所创办的学校里为中国人所做的这些工作。参观完后，孙中山还与全校师生近 200 人一道，在慎思堂前的两棵大樟树下合影留念。

▲ 之江学堂师生与孙中山合影

红房群楼

◀ 红房群楼

位于灰房的西面，白房的东面由两幢房子组成，始建于1910年，于1911年竣工落成。北面高处一幢为上红房，又称“北太平洋楼”；南面低处一幢为下红房，又称“帕斯顿楼”。红房是外籍教授别墅之一，圆拱门廊，雕花柱子，具有古罗马建筑风格。上红房建成初期由时任校长的王令赓夫妇居住；之江大学校长司徒华林和美国驻华大使、燕京大学校长司徒雷登两兄弟也曾居住于此。

▲ 欢送王令赓回国照

说到王令赓，不得不说到他与求是书院的关系。王令赓是一位美国传教士，同时也是一位优秀的高校教师。1893年，他担任育英书院的前身育英义塾校长。在他的治理下，育英义塾得到很大发展，到1896年学校已有65名学生，宿舍无法容纳；同时办学水平也在迅速提高。因此，美国北长老会决定于1897年将育英义塾升级为“育英学院”，学制为六年。也就在这一年，浙江大学的前身求是书院在浙江巡抚廖寿丰、杭州知府林启的共同推进下得以创立。正如前文指出，这是一所有别于旧式传统教育的新式学堂，开设了一大批新的课程，努力与近代教育接轨。

但是，怎样才能将求是书院创办成为一所培养实学人才的新式学堂呢？当时的总办林启就想到了育英书院这所近在家门口的教会学校。林启将育英书院校长王令赓聘为求是书院总教习，负责组织和实施全校的新式课程。求是书院开学后，王令赓将学生分三班，习过英文者第一班，习过算学者第二班，一事未习者第三班，并为各班拟定课程安排，这对于提升求是书院的办学质量无疑具有重要的影响。从王令赓与求是书院的关系来看，可以得出一个推论就是：浙江近现代高等教育的起源就具有较强的国际交流的色彩。同时也正是由于有了王令赓博士的细心组织与安排，有力促成了求是书院的学生“存是去非，务求其是”的优良学风。

司徒雷登和司徒华林兄弟在之江大学的活动也是构成之江校区历史底蕴的重要来源，兄弟俩对于之江大学发展都可谓贡献巨大。司徒华林是司徒雷登胞弟，受美国南长老会的委派，于1902年从美国来到杭州，担任育英书院教师。1916年秋起，司徒华林任之江大学校长。在他治校期间，之江大学取得很大发展，于1920年11月在美国哥伦比亚特区获得立案。1922年，之江大学毕业生典礼上学校首次引进西方式学位帽和礼服，司徒华林校长为毕业生颁发学士学位，美国驻上海总领事孔宁海姆出席并发表了演讲。

▲ 司徒雷登照

司徒雷登对于之江大学的转型发展则更具有重要影响。育英书院原本是美国北长老会独办的一所教会学校，但是由于育英书院的办学规模不断扩大，办学质量也在提升，北长老会有意进一步提升其办学层次。就在这样的背景下，美国南长老会也看中了育英书院，提出与北长老会合办大学的要求。司徒雷登正是在美国南北长老会合办育英书院的过程中，于1907年介入了育英书院的改制过程，代表南长老会参与之江大学的筹建。1911年，育英书院迁入秦望山上的新校址，正式更名为之江学堂。1914年，之江学堂又更名为之江大学。

▲ 上红房拱门砖雕

▲ 下红房

司徒雷登是少有的在中国出生、对中国抱有深厚感情、对中国近代高等教育事业发展作出重要贡献的美国人，他自称“是一个中国人更甚于是一个美国人”。他不仅参与创建之江大学， 还于1919年担任燕京大学首任校长，主持燕大校务工作达27年。1946—1949年间，受美国政府的委任，他出任美国驻华大使。无论是在抗日战争期间，还是在解放战争时期，司徒雷登都深度参与了20世纪上半叶发生在中华大地的一系列风云变革。比如，他帮助学生开展反日游行活动，甚至本人也亲自参与游行，高呼“打倒日本帝国主义”。著名历史学家林孟熹这样评价他：“整个20世纪大概没有一个美国人像他那样，曾长期而全面地卷入到中国的政治、文化、教育各个领域，并且产生过难以估量的影响。”

最令人玩味的是，新中国成立前夕的1949年8月，司徒雷登受美国国务院命令启程回国，毛泽东随后发表《别了，司徒雷登》的文章。写道：

人民解放军横渡长江，南京的美国殖民政府如鸟兽散。司徒雷登大使老爷却坐着不动，睁起眼睛看着，希望开设新店，捞一把。司徒雷登看见了什么呢？除了看见人民解放军一队一队地走过，工人、农民、学生一群一群地起来之外，他还看见了一种现象，就是中国的自由主义者或民主个人主义者也大群地和工农兵学生等人一道喊口号，讲革命。总之是没有人去理他，使得他‘茕茕孑立，形影相吊’，没有什么事做了，只好夹起皮包走路。

作为美国驻华大使的司徒雷登，其离去是必然的，而作为出生于中国、能讲流利杭州话、曾经创建之江大学并在之江大学的红房中居住过的司徒雷登却是怎么“别”的了呢？

白房

▶ 白房

在之江校区二龙头的山顶上，有数幢挨得较近的欧式小楼，因为颜色各异，分别被称为“白房”“红房”“灰房”“绿房”，构成了浙江大学外籍教授别墅群，比如上面述及的红房群楼就曾有司徒雷登、司徒华林兄弟居住。在这些老房子中，除了红房的传说时常在众人耳旁回响外，白房的故事少有人说起。这白房又名“卡特楼”，始建于 1917 年，于 1918 年竣工落成。由美国芝加哥 Cyrus H. Mcormick 夫人捐资兴建。据笔者考证，这白房也曾住有之江大学历史上的重要人物，它可能就是之江大学第四任校长、也是最后一任外籍校长费佩德的住所。

▲ 费佩德像

费佩德也是之江大学颇具传奇色彩的一位美籍校长。他是美国北长老会传教士家族的一员，与司徒雷登一样，也是一位生长在中国的美国人。不同的是，司徒雷登出生在杭州，而费佩德出生在上海。他在上海度过童年之后，也与司徒雷登一样回到美国接受高等教育。1898 年，费佩德学成归来，同样从事教育传教士活动。1907 年，育英书院购进了杭州钱塘江畔秦望山二龙头的荒山 660 余亩山地作为新校址。为建设这片新校园，美国北长老会派费佩德赴美国筹集新校区的建设资金。

费佩德在美国筹款的方式独特，充分利用了他在中国拍摄的大量照片。当时的中国，照相机是珍稀的物什，很少有人拥有。费佩德拥有照相机，并对摄影有着近乎痴迷的兴趣，拍摄了大量关于中国的风土人情的照片。他以演讲的形式，展现他在中国拍摄的大量照片，介绍有钱塘江、西湖、大运河等“人间天堂”杭州的美丽风光，吸引了众多美国人的注意，争取了大笔捐款，为新校区建设的顺利进行奠定了基础。

1908 年，费佩德完成在美国筹款的使命，回到杭州并任教于育英书院，承担物理、英语和音乐三门课程的教学工作，同时负责监理新校区建设。新校区地处郊区，远离市中心，费佩德经常要在凌晨起床，在马背上骑行近十公里的路程才到达新校区，监督新校区的建造。后来改为骑自行车从皮市巷到城站，坐火车到闸口，再骑自行车或骑马赶到新校区，其过程之艰辛可想而知。日复一日，由于费佩德的精心打理，二龙头荒山上的新校区旧貌换新颜，山头的土地平整了，4000 多株果树、茶树和竹林装缀了整个山头。1911 年，随着主教学大楼“慎思堂”与几幢教师、学生的宿舍楼相继竣工，育英书院正式迁入了新校区。由于钱塘江流经秦望山脚下，曲曲折折，呈“之”字形，搬入新校区的育英书院遂改名“之江学堂”，由美国人王令赓担任首任校长。第二年，费佩德被推选为之江学堂的副校长。

第一次世界大战结束后，费佩德于 1918—1919 年间两次回到美国巡回演讲，介绍在中国的办学情况。他再次利用在美国各地奔波演讲的机会，用幻灯机展示他在中国各地拍摄到的美丽风景和特色建筑，为“之江大学”筹资建设图书馆、教堂等校舍。与此同时，他还撰写出版了《杭州—浙江游记》（《Hangchow-Chekiang Itineraries》，1918 年）一书，详细介绍当时杭州西湖的一些美丽风景和杭州城里的风土人情，吸引了不少外国游客来杭游览。这些照片现在多属孤版，成为中外文化交流史上的珍贵史料。

1922 年秋，之江大学校董会决定推举费佩德任校长。但是，由于学校建设规模巨大，经费依然紧缺，重任在肩的费佩德不得不在 1923—1925 年间再次启程回到美国，继续筹集学校建设基金。期间，由王令赓代理校长一职。当 1926 年费佩德再次回到杭州、正式

▼ 秦望山麓原始风貌

就任校长职务时，征讨北洋政府的北伐战争已经如火如荼地展开，国内时局动荡不安。1927 年 2 月底，北伐军攻克浙江全境。美国领事馆于 1927 年 3 月令美籍教员到上海躲避战火。但费佩德仍然不顾时局的动荡，为处理学校的一些事务，经常往来于杭州与上海之间。

到了 1928 年，之江大学的校园建设得更加美丽。6200 多株松树和 6000 多株日本杉木在校园里郁郁葱葱，学校游泳池也顺利完工并开放使用。此时的之江大学，校园环境极其优美，钱塘江、六和塔、双龙瀑、小桃源、情人桥、小盘谷、临江亭、佩伟斋、健美谷、培园小筑、上清池、秦望顶并称“之江十二景”，为时人所称道，预示着之江大学即将迎来一个崭新的发展阶段。

然而，其时方兴未艾的“收回教育权”运动却使费佩德的办学之路遭受重大挫折。1925—1929 年，无论是北京的北洋政府，还是南京或之前广州的国民政府都要求加强对私立学校的管理，通过了一系列法令，收回外国在华的教育权。比如，规定教会学校必须向政府登记，并服从政府的有关规定办理，申请登记的学校负责人必须是中国人，校董会中华人应占多数，宗教课只能列为选修课，参加宗教活动应该出于学生本人自愿，等等。1927 年 8 月，之江大学校董会为应时变，决定校长一职由中国人朱经农担任，费佩德改任副校长。校董会同时就向中国政府申请立案一事向美国南北长老会托事部提出报告。结果美国南北长老会托事部于翌年 6 月拒绝了董事会的请求，并以停发经费相威胁。校董会只得决定暂时停办之江大学，所有学生转至其他学校继续求学。之江大学暂时停办后不久即恢复了办学。

1931 年，费佩德离开之江大学，参加杭州福音联盟的活动。随后日本逐步加快侵华步伐，并导致抗日战争的全面爆发。费佩德则一如既往，用他的照相机镜头拍摄他的所见所闻，忠实地记录了日本侵略者的野蛮与残暴。为此，日本侵略者对他进行长期羁押。抗日战争胜利后，费佩德于 1947 年离开中国，回到美国。从此，他的身影几乎从中国消失。直到 2007 年 5 月，在浙江大学百十周年校庆之际，紫金港校区一场“费佩德与之江大学”的精彩报告，重新勾起了浙大人——或者说是中国人对这位曾经为浙江，乃至中国的教育文化事业作出特殊贡献的国际友人的历史记忆。

其实，这种记忆也是一所大学的精神灵魂之所在，怎么可以忘记？

钟 楼

原名“经济学馆”，又名“同怀堂”“邓祖询纪念馆”等。位于之江校区慎思堂南面，曾宪梓楼东侧，第1、2号楼之间，由之江校区正门侧一条斑驳的石板台阶蜿蜒而上可达。钟楼是之江校区的一座标志性建筑，也是之江校区的最著名景观。始建于1935年初，1936年竣工落成。钟楼呈红色，计六层，左右对称，线条简洁，风格严谨，高耸的钟楼部分使得整座建筑呈山字形。第三层的北面，现仍标有竖写的经济学馆字样。第五层的四面有四个报时的巨大罗马字时钟，庄重典雅，充满浓郁的异域风情。因为该楼顶这四面安装的塔钟，名声鸣响，江醒校振，因而称为“钟楼”。

钟楼周围绿树环绕，绿草如茵，时常吸引同学们驻足流连。钟楼由《申报》创始人、主编史量才的儿子史咏赓与他的母亲为纪念他的同学邓祖询而兴建。2010年上映的电影《唐山大地震》曾在此取景，钟楼的底层即是影片中的新生报到处，也是张静初和陆毅相遇的地方。

▼ 钟楼

史量才是之江大学办学的重要支持者。1927年，北伐军光复杭州后，根据国民政府教育部的命令，外国人办理的大学都必须向中国政府登记备案。之江大学是美国南北长老会合办的一个教会大学，根据条例规定必须登记备案。由于之江大学的学校负责人是外国人，因此备案不予通过。之江大学当局向美国南北长老会托事部报告发生在中国的最新情况，要求改由中国人担任学校负责人，遭到拒绝。不仅如此，美国南北长老会托事部还以停发经费相要挟，致使学校被迫停办。1929年开始，之江大学校友发起了复校运动，积极筹募办学经费，要求校董会向国民政府立案。校董会最后通过了立案决定，并聘请了一批社会贤达、名流担任名誉董事。史量才就是在之江大学复校运动中被校董会聘为名誉董事的。而且，史量才在之江大学校友恢复之江大学的活动中给予了积极的支持，赞助学校大量的经费，使学校得以顺利复校。与此同时，史量才还为之江大学捐建了体育办公楼。

▲ 史量才像

1934年，史量才访问了之江大学的经济系并看望了他在经济系求学的儿子、时为经济系二年级学生史咏赓。之后，史量才与儿子、及其儿子的同学邓祖询一起乘车返回上海。路上，车子遭受国民党特务阻击，史咏赓的同学邓祖询当场毙命；史量才在逃走过程中被特务杀害。事后，史咏赓和他的母亲为纪念邓祖询捐资40000元建造了一幢经济系大楼，称经济学馆，即钟楼，并在三楼演讲厅的讲台后面竖立了一尊与邓本人一样大小的铜像。邓的父亲也向学院捐赠了一整箱有关经济学方面的书籍，并被安放在了图书馆的经济类。有的书刊资料中，将之江校区的钟楼捐建人注为史量才，这是一种错误的记载。钟楼始建于1935年，落成于1936年，而史量才先生早于1934年遇害，怎么可能再去捐建钟楼呢？

求是堂

▶ 求是堂

求是堂位于校区西南区、三龙头的头部，于 1997 年 4 月 4 日落成，由浙江大学校友、香港著名实业家查济民和夫人刘璧如共同捐资 400 万港币兴建，为学生生活、活动用房。

查济民是一位具有爱国心的企业家。他于 1927 年考入第三中山大学附设高级工业学校染织科学习，1931 年毕业。1933 年，怀着实业救国信念的查济民投身到爱国实业家刘国均先生的麾下，成为大成二厂的染部技师。1937 年 7 月，抗日战争爆发，沪苏宁大批工厂被迫停产。当时，有些人劝正在这一带从事染织厂供销业务的查济民逃难到国外谋生，查济民却回答说："我要做国门之子，不做亡国奴。"于是，他随工厂内迁四川重庆，继续生产纱布支持全国人民抗日救国。抗战胜利后，查济民回到上海经营纱布业，被上海工商界人士推荐为上海纱布染织业的"接管大员"。1949 年秋，查济民在香港创办中国染厂，并任主席。他跑遍了世界 20 多个国家和地区，学习国外先进纺织印染技术，由开始创业的一个"中国染厂"企业，发展到现在有兴业等十多家单位，拥有资产物业数十亿元。

▲ 查济民像

查济民也是一位杰出的慈善家，与母校浙江大学结下的深情非同一般。自小崇尚科学的他对"求是"校训诚挚笃信，自身在创业过程中也始终带领团队履行求是，开拓创新。为了表达与母校的深情厚谊，弘扬浙大的求是精神，1994 年，查济民与夫人刘璧如伉俪慷慨捐资 2000 万美元，专门成立"求是科技基金会"，表扬和鼓励为中国科技发展作出杰出贡献的科学家和青年学者。1997 年，浙江大学建校 100 周年之际，查济民又捐资 400 万元港币在浙大之江校区建造"求是堂"。新浙大成立后，查济民欣然接受学校邀请，出任经济学院名誉院长。

在随后的几年里，查氏伉俪多次邀请并资助诺贝尔经济学奖获得者等国际著名学者和知名人士来校访问和讲学，支持举办大型高层次国际学术会议。特别是 2002 年 10 月，查氏伉俪主动建议并促成时任联合国秘书长的科菲·安南来校访问，引起社会各界的广泛关注，有效推动了学校的国际交流合作。2004 年，浙江大学授予查济民先生“荣誉博士”称号。2006 年，年逾九旬的查济民，仍然念念不忘母校的发展，在浙大设立了“查氏讲座教授”和“查氏顾问教授”席位，并大力推动和支持组建了“浙江大学求是高等研究院”，邀请国际知名科学家朱经武教授、简悦威教授、周尚林教授出任查氏讲座教授和顾问教授，引领面向科学前沿课题的多学科交叉研究，为浙江大学加快向世界一流水平迈进发挥了重要作用。

▲ 联合国原秘书长安南访问浙江大学

天文台

原名“观象台”，又名“费城观象台”。位于之江校区秦望山山脊上，建于 1912 年，是当时杭州惟一的一座天文台，也是整个之江大学海拔最高的建筑，是一座标志性建筑。

之江大学天文台是当时浙江省的第一座现代天文台，内部设置从美国进口的天文仪器，主要用于天文气象观察和“天文学”的教学。抗日战争期间，被日军炸毁，台里一批先进设备被洗劫一空。现仅剩遗址，是对日本军国主义无声的控诉。

情人桥

位于之江校区钟楼附近情人谷的碧潭之上，头龙头与二龙头两山之间。进入之江校区大门，沿右边石阶拾级而上，绕过钟楼而不入，直向右行，不多远处就能看到一汪碧潭。潭上有两座水泥桥并排其上，一上一下，一宽一窄，一边是校舍，一边是学校员工家属区，由这二桥相连，使得天堑变通途。但是，在这两条水泥桥中，只有较窄的一条才是大名鼎鼎的“情人桥”。

为什么要建“情人桥”呢？这就要从育英书院迁入秦望山这片新校园讲起了。1911年，育英书院由杭州城内大塔儿巷迁址秦望山上的新校址后，在头龙头有教师宿舍区，在二龙头、三龙头为教学和学生宿舍区。二龙头与三龙头之间有深谷，名“情人谷”。虽有“情人”之名，两山之间却极难沟通，行人无法行走，教师每日上课和师生往来必沿山坡下至谷底，涉水过溪再上山，十分不便，特别是夜晚行走更困难。1916年，时任之江大学校长司徒华林在两山之间架起一桥，属木结构，式样别致。桥长约60米，宽2.5米左右，桥面用条木板铺就，桥中心距溪谷最深处约40米，有高处不胜寒的恐惧感，使人胆战心跳。虽然如此，飞架在情人谷溪涧上的情人桥终归使头龙头与校本部的二龙头得以相通。同时，这桥因建在情人谷之上，遂取名为“情人桥”。

在杭州，尤其是西湖边，与“桥”关联的爱情故事很多。譬如断桥，我国四大古典传奇之一的《白蛇传》中，许仙与白蛇娘娘相识在此，同舟回城；后来，也许是有意安排的结果，他们又在这里邂逅重逢，演绎成“断桥相会”这样令人荡气回肠的动人故事。这之江大学的“情人桥”显然也有异曲同工之妙。情人桥风景独特，桥下涧泉幽咽，蓄成了一汪碧水深潭，日间飞鸟丢影，入夜日月泻辉，周边密林葱郁，景致恬静幽美，很快就成为之江学子和青年教师“人约黄昏后”的绝佳之地，不少师生常上桥来观赏夜景，一对对的青年男女也都喜欢到桥上幽会，谈情说爱，情意绵绵。甜蜜的欢笑和情人的依偎，使得这飞架两山的“情人桥”变得更名符其实了，成为校园一大景观。词学大师夏承焘1930年代执教于之江大学，他在《天风阁学词日记》中有写道：“夜与雍如何情人桥听水，繁星在天，万绿如梦，畅谈甚久。”又描述道：“山色浓于人有情，无诗也不厌径行，谁清咏如琴筑？且倚危栏听水声。”据传，著名莎士比亚作品翻译家朱生豪和他的南湖诗侣宋清如就曾在此留下美好的爱情故事。

只可惜，现而今留下的所谓“情人桥”其实并非早先意义上的“情人桥”。1937年12月，日军占领杭州后，之江大学校园成为日寇宪兵司令部，学校遭到严重破坏，“情人桥”无人管理，历经风雨之后早已侵蚀坍塌。1946年，之江大学回杭复校，在原桥基础上按原样重新修建起新的“情人桥”，仍为木质。可是随着中美关系的跌宕起伏，之

▲ 情人桥与翡翠湖

江大学最终退出了中国大陆的教育舞台。这木质的情人桥也终于在20世纪70年代被拆除，改建成钢筋水泥桥，采用圆拱型支撑构架结构，位置也向北移了一米左右。桥下还筑坝拦水，在山谷中储成了一个小湖泊，倒也湖水深蓝，清澈见底，犹如一块翡翠镶嵌在山间。20世纪90年代，在情人桥上方约四、五米处兴建了一条横跨山谷可通汽车的水泥道路，情人桥终于被废弃，桥头到处杂草丛生。不过，笔者反倒觉着：这不正是“情人桥”绝妙之所在吗？

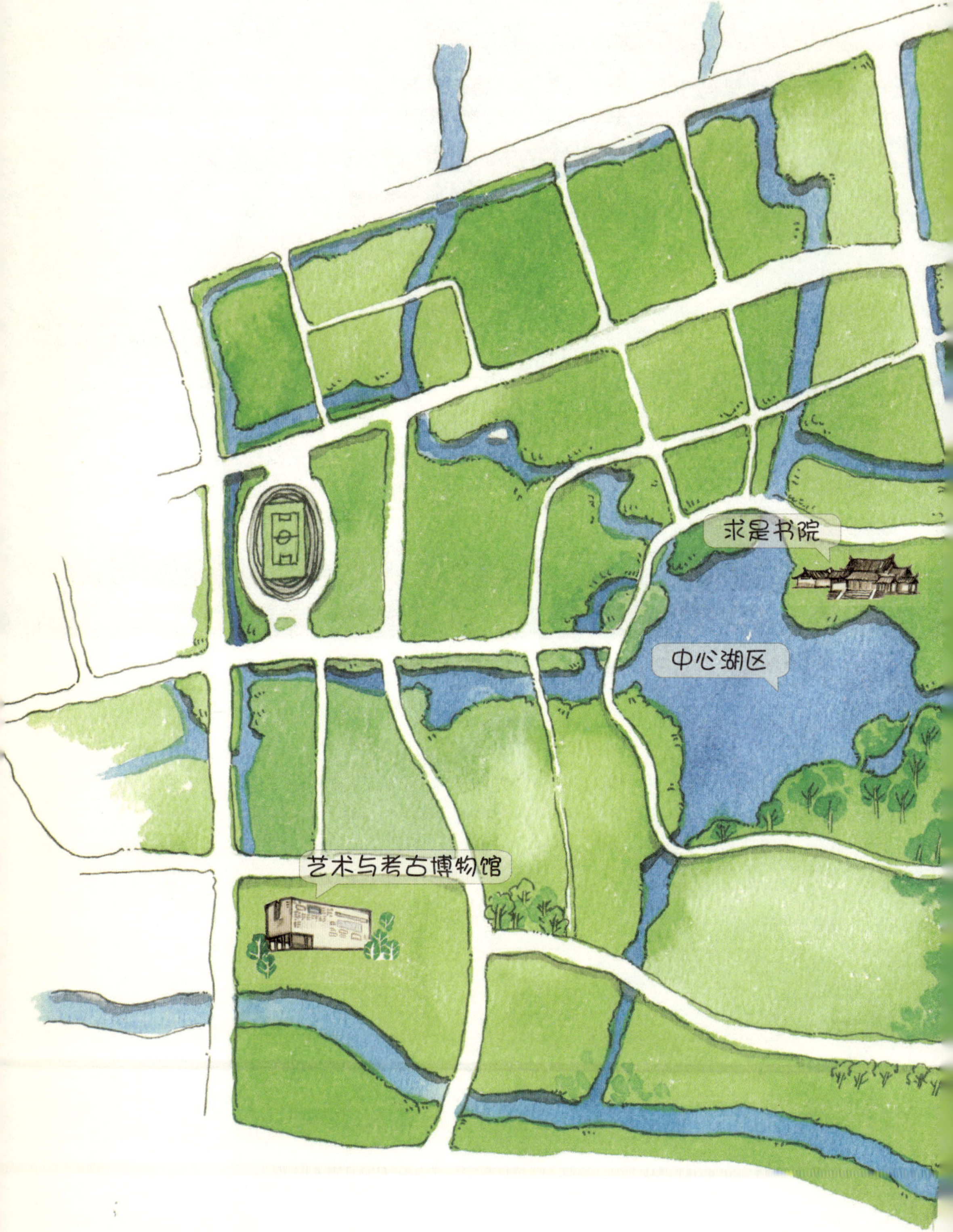
求是书院
中心湖区
艺术与考古博物馆

紫金港校区

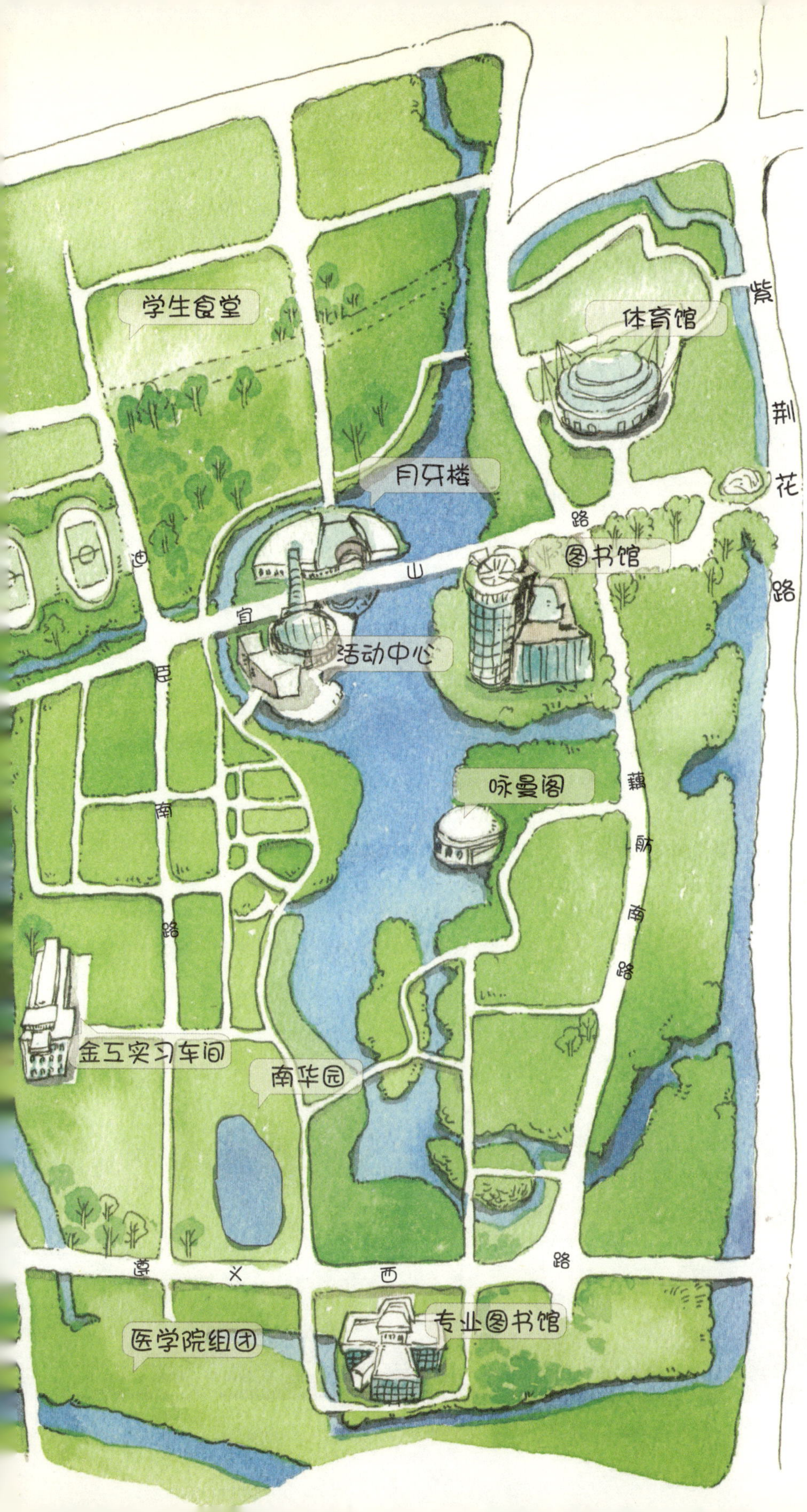

学生食堂
月牙楼
体育馆
图书馆
活动中心
咏曼阁
金工实习车间
南华园
专业图书馆
医学院组团
紫荆花路
宜山
迪臣南路
藕舫南路
遵义西路

紫金港校区位于杭州城西部余杭区塘北地块，毗邻著名的西溪风景区，南临余杭塘河，东以紫荆花路为界，北临留祥路，西接花蒋路。整个校区占地5000余亩，以紫金港路为中轴划分为两个，以东为紫金港东区，以西为紫金港西区。之所以称命名为“紫金港校区”，则是因为有一个关于紫金港的传说。

据说从前紫金港校区这片地方是个河渚之地。有田姓老农生活于此，家有三个儿子，在其家门口有一棵古老的紫荆树，树龄极老，有数百岁。田家三个儿子都很能干，老大赶车是个好把式，老二耕田插秧样样能干，老三做生意也很好。这个家在田老汉的调理下，日益兴旺起来，三个儿子也陆续把媳妇娶进门。后来，老汉年纪大了，病倒了。弥留之际，他把三个儿子和媳妇叫到床前，用微弱的声音嘱咐说：“一根稻草容易断，拧成绳索扯不断。”但是，三个儿子都有小家庭，难免有了小算盘。田老汉去世后，三兄弟最终还是提出了分家的计划。然而，每当三兄弟讨论怎样分家，门口的紫荆树都会发抖，将树叶抖落。家终于还是分了，紫荆树叶也终于落光了，只剩光秃秃的树身和枝桠了，最后竟然枯死了。紫荆树的枯死唤醒了三兄弟，三兄弟决心重新团结在一起，再不分家。说来奇怪，这紫荆树又慢慢地活了过来。田家三兄弟因为团结起来，日子过得越来越红火了，后来还盖起几间大瓦房，几代同堂成了一个大家族！紫荆树也就长得越来越茂盛。人们被紫荆树神奇的故事所感动，四面八方的人搬到了这片河渚之地聚居起来。因为“兄弟同心，石头变成金”，这紫荆树也就慢慢被称为“紫金树”。河渚地方附近的河道也便叫做紫金港了。这就是紫金港名字的由来。

可是，浙江大学为什么要在偏远的杭城西北河渚之地建紫金港校区呢？这就有另一个有趣的故事了。1998年四校合并以后，浙江省要求浙江大学招生数量不能减少，当年招生数量达到6000多人，无论现有哪个校区都无法容纳如此巨大数量的新生入学。因此，另择一个新的校区成为一个必要的决策。当时浙大党委书记张浚生被这个问题困扰，四处寻找合适的办学之地。在考察了许多地方之后，都没有找到满意之处。有富阳县政府的领导表示愿将富春江畔某地让与浙大办学。他专程去了富阳进行考察，发现该地广袤，达1300亩，背山面水，有富春江流淌而过，风景秀丽，适合办学。然而，据悉时任杭州市委书记王国平不许富阳将浙大引出杭州市区，同时主动上门联系张浚生，表示愿意将杭城西北三墩镇某个地块让与浙

▼ 紫金港校区全景（摄影　杨卫光）

大。为此，张浚生三赴三墩考察，过程充满了戏剧性，最后总算确定了紫金港这片土地作为浙大的新校区。

张浚生第一次来到三墩镇，在三墩桥头望去，感觉一片破败，不宜办学。王国平要求张浚生再去看看。张浚生第二次来到三墩镇，下了三墩桥头，立于路旁四望，仍感破败，不宜办学。但是，王国平仍坚持认为是张书记一行人没有看到真正的情况，建议张书记邀当地镇长、书记引路前往考察。于是，张浚生又在当地镇长、书记的引路下，第三次前往三墩考察。此次，深入到了田间地头。立定之后，张浚生四处眺望，忽忆起40年前一段时光往事："不就是眼前这片田地吗？"原来张浚生是浙江大学1954级的学生，1958年毕业时按照学校的要求，来到三墩，帮助农民收割粮食。其劳动的地方正是紫金港这片河渚之地。"尘封的历史记忆一旦被打开，熟悉而亲切的情感不觉涌上心头。再望眼前广袤的湿地水田，益加显得景致迷人。"这是张浚生当时真实的心里写照，对紫金港的认同迅速就得到了确定。经过校党委常委会的讨论后，浙大决定将新校区选址在紫金港。2002年7月，学校党委常委会议讨论决定新校区定名为"紫金港校区"。这就是紫金港校区由来。

2002年10月，一个全新的园林化、生态化的新校区在三墩基本建成，浙大当年招收的6000多名2001级同学和外国语学院1999级、2000级学生及研究生分别从玉泉、西溪、华家池、之江等各校区整体入住紫金港校区。2007年，时任校党委书记张曦决定将浙江大学行政机关搬迁到紫金港校区。之后，华家池校区的各学院、湖滨校区的医学院、还有玉泉校区的管理学院等陆续整体迁入紫金港校区。紫金港校区成为浙江大学的一个主校区。目前紫金港东区是现浙江大学党政机关办公所在地，并有外语学院、生命科学学院、医学院、药学院、管理学院、公共管理学院等学院；学生宿舍分为蓝田、丹阳、青溪、紫云、碧峰、白沙、翠柏七个学园。

紫金港校区目前主要在使用的紫金港东区，道路分布极具历史文化底蕴，形成了"四横两纵"的交通网络。"四横"是指遵义路、宜山路、吉安路、泰和路，四条道路具呈东西走向，由南而北，依次平行排列，都以浙大西迁历史中曾经驻留办学的地方命名。"两纵"是指藕舫路、迪臣路，两条道路均呈南北走向，西为迪臣路，东为藕舫路，分别以浙大历史上最为重要的两位校长名字命名。紫金港校区采用历史文化名人和故地作为道路命名的由来，集中展现了浙江大学尊重历史、敬畏传统的精神品质。

如果你从玉泉校区出来，想去紫金港校区的话，交通其实也很方便。89路公交车在玉泉校区大门口就有站台。上了89路公交车后，你可以安心地坐着，一路观赏车外的人来人往和车来车往，在穿过了整个杭城的西部后，当车上的广播响起，提醒你终点站已经到达时，你就可以下车了。跨过马路，稍往北走几步，你就来到了紫金港校区的大门口。说是大门，其实并没有门，只是多车道的自动闸门提示着你这是一个幅员辽阔的一家单位的入口。站在这样的大门口，也许你会怀疑自己走错了地方。但是，当你看到这个大门口的右边，一块黄褐色的巨石雕刻着"浙江大学"四字时，你可以确信，你来到了浙江大学的紫金港校区。现在，你只需要踏进校门，就能看到一个在湿地上建起来的巨型校园将是一番怎样的景象了。

▲ 浙江大学石

求是鹰城雕

这是一个散落于校园之外的浙大文化景观，位于邻近紫金港校区的申花路和石墩路交叉口。于 2007 年落成。雕塑高 7 米，基于求是鹰标志和浙江大学英文缩写“ZJU”设计而成，呈倒三角形，钢板质地，蓝色喷漆。雕塑寓意浙大师生继承并弘扬“求是、创新”的优良传统以及严谨治学、锐意进取，改革创新、勇攀科学高峰，为中华民族的伟大复兴而努力拼搏的精神。

其实，“求是鹰”也是浙大的校标，于 1991 年由浙江大学校务会议正式讨论决定。传说认为，鹰在它生命进程一半的时刻，必须进行艰难的蜕变，磨掉老化厚重的爪喙，拔掉沉重陈旧的羽毛，忍受疼痛、饥饿的折磨，从而完成自我改造和重塑，才能重新振翅蓝天、拥抱新生。浙大以鹰为图腾，显示其有不凡的隐喻，是要矢志养成“公忠坚毅、能担当大任、主持风会、转移国运”的领袖人才。

早在 20 世纪 20 年代末期，国立浙江大学就有了三角形的求是鹰形状校标。国立浙江大学的求是鹰校标呈倒立的三角形，构成了它怒目展翼的最初形象。校徽以展翅的雄鹰为主体，寓意浙江大学实事求是、严谨踏实、奋发图强、锐意进取的精神。此后，大家习惯称其为“求是鹰”。

▼ 紫金港校区求是鹰城雕

1990 年，学校重新征集校标，在浙江大学校报上公布了浙江大学校标设计稿的两个方案。根据校领导的意见，校长办公室同时委托工会和团委，发放了 1200 份印有两个方案的选票，分别征求教职工和学生的意见。通过比较，大多数师生员工倾向于方案一，即以传统的“求是鹰”为主体所构成的校标设计稿。认为表现刚健、搏击个性的“求是鹰”已作为浙大的象征，并在广大师生员工和校友中留下了深刻的印象。因而，保留二三十年代浙大校徽中求是鹰的基本形状，在一定程度上也体现了历史的继承性。同时有些专家认为，通过对传统“求是鹰”图形结构的简化，强化了求是鹰形象的气质特征，这也是有意识的再创造的典型化过程，但腾飞的气势刻划得还不够。校长办公室汇集了有关意见后，向校长作了汇报。

▲ 国立浙江大学时期的三角形校标

▲ 浙江大学校标

1991 年，在浙江大学校务会议上，党政领导对校标方案作了审议，认为两个校标设计方案在设计思想和表现形式上各具特色；同时肯定了方案二在形式上有一定新意。经过讨论，校务会议基本确定方案一作为校标，提出对求是鹰图案应再作适当修改，并略放大些，英文校名采用黑体。据此，校长办公室在方案一的基础上重新作了调整和绘制。之后，校务会议再次审议了修改后的校标，校标获得正式通过。

“求是鹰”校标分内外两圈，两圈之间的中英文浙江大学字形内含着今日之浙江大学已走向世界。1897 表示浙江大学的创建年代可追溯至求是书院，校徽中央展翅飞翔的求是鹰代表浙大的“求是”精神，寓意着浙江大学师生继承发扬“求是创新”的优良传统，严谨治学，锐意进取，勇攀科学高峰，为将浙江大学建设成世界一流大学，为中华民族的伟大复兴而努力拼搏的精神风貌。求是鹰的校标意在用鹰的意像表达浙大精锐进取、无惧风雨、逆境图强、翱翔蓝天的独特精神。

求是二问石

▲ 求是二问石

从紫金港校区大门的左侧通道进入校园，没走几步，就来到了一块巨石前面。巨石之上，竖写着烫金警句：

诸位在校，有两个问题应该自己问问：第一，到浙大来做什么？第二，将来毕业后做什么样的人？

——竺可桢

这就是著名的“求是二问石”。

1936 年 9 月 18 日，刚刚上任不到半年的浙江大学竺可桢校长第一次参加新生入学典礼。他在开学典礼上做了一个对于所有浙大师生来讲都是影响极其深远的一次演讲。在这次演讲中，他提出了两个问题，就是这块巨石之上所镌刻的内容。

针对第一个问题，竺校长在演讲中说，来到浙江大学不应该是为了文凭而来，也不应该是为了技术而来。技术可以谋生，但是谋生的技术不一定要到大学来学。他认为大学生经过大学教育之后，如果要在社会上做一番事业，无论工、农、商、学，都须有清醒的头脑。头脑清楚，无论做学问、还是办事业都可以成功。一个头脑清楚的人，需要做到三点：第一，以科学的方法来分析，使复杂变成简单；第二，以公正的态度来计划；第三，以果断的决心来执行。他认为，“这三点，科学的方法、公正的态度、果断的决心，统应该在求学时代养成和学习的。”他痛恨“中国历年来工商业的不振、科学的不进步，都是主持者没有清醒的头脑。”与此同时，还要竭力避免“盲从的习惯”。他说，“我们不能因为口号叫得响一点，或是主义新一点，就一唱百和的盲从起来。”“我们要做有主张有作为的人，这样就非有清醒之头脑不可。”针对第二个问题，竺校长强调了人生观的极端重要性。他批评一般中国人所持有的享福主义，主张“我们应该以享福为可耻”，认为“一般人以享福为人生最大目的，中国民族必遭灭亡”，“如果一个民族还是一味以享受为目的，不肯以服务为目的，必归失败。”

最后，他在总结演讲时，明确提出上述两个问题的答案：以上所说的两点：第一，诸位求学，应不仅在科目本身，而且要训练如何能正确地训练自己的思想；第二，我们人生的目的是在能服务，而不在享受。

如今，在浙江大学无论哪个校区的学子大概都知道竺可桢校长的这两个发人深思的问题，每一个入学浙大学子都会在这块巨石前驻足，扪心自问。每一个人自己心中都会有一个答案。但是，每个人的答案是否正确，恐怕只有每个人自己知道。希望每个浙大学子都按照竺可桢老校长的要求去思考、去处事。

如果你看到这块巨石，你的答案又是什么呢？

浙江大学校史馆

进入紫金港校区大门后，沿着宜山路，过阳明桥。立于桥头，右手侧的一幢白色半月形建筑引人关注。它叫月牙楼，好像长着两个长长的竖起来的耳朵，似乎在听着什么？也许它也在倾心听着楼内浙江大学校史馆中不断诉说着的浙江大学的百年传奇吧。

浙江大学的校史文化历史悠久、积淀深厚。校史馆遵循“实事求是、还原历史”的原则，采用实体模型和声光电色现代科学技术手段，以文字简练、图片感人、实物丰富的陈展内容，充分展现浙江大学悠久的历史文脉、深厚的文化底蕴、突出的办学成就和崇高的追求目标。

全馆共分五个展区。从校史馆入口进馆后，迎面可见全国人大原副委员长、原浙江大学校长路甬祥亲笔题写的“求是 创新”校训立体字。在校训的左边就是一幅油画长卷，名为“惟学无际”。画上共有99位人物，虚实结合，形态各异，有的坐，有的站，有的凝目远望，有的神容肃穆，栩栩如生，代表着浙大大师云集、人才辈出的辉煌办学旅程。

穿过序厅就进入了第一展区：溯源求是——求是书院至国立第三中山大学时期（1897—1927）。清光绪二十三年四月二十日（1897年5月21日），求是书院（浙江大学前身）正式开学，杭州知府林启兼任求是书院总办。求是书院是在甲午战后维新浪潮中为救亡图存而成立的一所新式学堂，是国人自办的最早的新式高等教育机构，在中国近现代教育史上占有重要的一页。

第二展区：探求崛起——国立浙江大学时期（1928—1949）。国立浙江大学时期是浙江大学办学史中辉煌的一段历史时期，特别是著名科学家、教育家竺可桢出任校长以后，

▼ 惟学无际长卷

▲ 习近平参观浙大西迁办学历史陈列馆

浙江大学秉承“求是”精神，逐渐成为一所以“东方剑桥”之誉闻名于世的高等学府，成就了中外高等教育史上的一段佳话。

第三展区：调整发展——建国后的浙江大学到四校发展时期（1949—1998）。新中国成立后，浙江大学进入了新的历史发展时期，特别是改革开放以来，源出一脉的浙江大学、杭州大学、浙江农业大学、浙江医科大学的建设和发展均取得了较大的成就，全部进入了国家“211 工程”建设高校行列或通过了重点建设项目论证。

第四展区：争创一流——并校后的改革发展新时期（1998—　）。1998 年四校合并后，浙江大学一方面大力促进融合固基，另一方面努力推动改革发展，取得了跨越式发展。当前，在“六高强校”战略的指导下，全面推进学校各项事业向着世界一流大学目标快速前进。

浙江大学校史馆最早源于 2005 年落成的浙江大学西迁陈列展，办展的地方也就是月牙楼二楼现在的校史馆。当年，为纪念抗日战争胜利 60 周年，学校精心布置了这个展览。现任中共中央总书记、时任浙江省委书记习近平曾在浙大召开省委常委会期间，参观了展览。2007 年，浙江大学建校 110 周年时，学校在原西迁陈列展的基础上建成了浙江大学校史馆。该馆产生了广泛的社会影响，继习近平之后，李长春、贾庆林、刘延东、陈至立、厉无畏等党和国家领导都曾到浙大校史馆视察。前来参观的校内外师生校友及社会人士已逾 30 万之众。2014 年 5 月，该馆又启动改建工程。经过 1 年时间的建设，于 2015 年校庆之日重新开放，接受海内外师生、校友、社会友好人士的参观、访问与交流。

去过校史馆的浙大师生校友，多为浙大的光荣历史和曲折发展所深深打动。进入校史馆内，参与各项现代技术的互动装置，比如唱校歌、签名留言、校友查询等项目，令游客印象深刻。

▶ 校史馆内陈列

求是鼎

▶ 求是鼎

位于紫金港校区启真湖东南岸，纳米楼庭院西北角草坪上，于2007年落成，由浙江大学江西校友会捐赠。

求是鼎既体现中华古代文明，也包含了浙大的文化元素。鼎身、鼎足上的装饰为良渚文化出土的青铜器上的兽面纹，取辟邪、吉祥之意；鼎口下沿再配以饕餮纹和扉棱，衬托出鼎的庄严和古朴。鼎耳高耸，寓意志存高远。鼎的主要尺寸也被赋予象征性。从鼎足到口沿高度为2007毫米，表示于2007年铸造、建立；鼎的口沿高110毫米，象征浙江大学建校110周年；口沿下端至鼎足足底为1897毫米，寓意浙江大学始建于1897年；而鼎身上分布的1320个求是鹰的铆钉，则表明母校建校至校庆的岁岁月月，表示浙江大学深厚的文化底蕴和浙大源远流长的求是精神。

院士长廊

▶ 2006年5月21日，浙大院士长廊在紫金港校区蒙民伟楼揭幕（摄影　卢绍庆）

浙江大学名师荟萃，英才辈出，而院士更是其中闪闪发亮的明星，他们让浙大在中国乃至世界的教育舞台上光彩夺目。为了彰显院士风采，营造催人奋进、鼓励创新的校园氛围，学校特地采用院士文化长廊这一特殊的校园文化展示方式，展示着曾经在浙大任教、求学过的中国科学院、中国工程院院士的辉煌人生。

浙大在紫金港校区藕舫路与宜山路口的蒙民伟楼一层、二层的长廊上建设了院士长廊。于2006年校庆日落成。主要展示手段是为每一位院士制作一个院士镜框，整齐有序地排列起来，进行展示。此外，学校还在玉泉校区和西溪校区建设了院士长廊。玉泉校区邵科馆内走廊墙上，有悬挂着浙江大学历史上曾任教、求学和目前在校工作的两院院士的照片和个人资料，为玉泉邵科馆增添了浓厚的学术气氛。西溪校区档案馆大楼五、六两楼走廊也设有院士长廊，称之为“俊才星驰”，建成于2006年7月中旬，总展线约50米，对院士的介绍采用肖像照加学术成就的方式，而肖像照片则采用两幅比较的方式显示院士在校与离校后的岁月变迁，富有档案特色。

▼ 设有“俊才星驰”院士长廊的西溪校区邵逸夫艺术楼

据不完全统计，曾经求学或任教、任职于浙江大学、后来当选为中国科学院、中国工程院院士的浙大师生已近200人，他们是：巴德年、贝时璋、蔡邦华、蔡昌年、蔡金涛、曹楚南、岑可法、陈吉余、陈建功、陈剑平、陈力为、陈清如、陈十一、陈述彭、陈望道、陈耀祖、陈宜张、陈蕴博、陈子元、陈左宁、程开甲、程民德、程孝刚、池志强、戴立信、丁仲礼、董石麟、杜庆华、段树民、方肇伦、冯纯伯、冯新德、干福熹、龚晓南、谷超豪、顾功叙、郭可信、韩祯祥、贺贤土、洪伯潜、洪德元、洪孟民、侯立安、侯虞钧、胡宁、胡海昌、胡和生、胡济民、胡乔木、黄宪、黄秉维、黄鸣龙、黄文虎、纪育沣、金国章、金鉴明、金庆焕、金善宝、李国杰、李竞雄、李兰娟、李政道、李志坚、励建书、梁希、梁守槃、林俊德、林励吾、林祥棣、刘大钧、刘恢先、刘盛纲、刘守仁、楼之岑、卢鹤绂、卢嘉锡、陆熙炎、陆学善、路甬祥、罗宗洛、吕敏、麻生明、马叙伦、马寅初、毛汉礼、欧阳平凯、潘家铮、潘镜芙、潘云鹤、彭平安、钱令希、钱人元、钱三强、钱志道、钱钟韩、钦俊德、裘法祖、阙端麟、任美锷、邵象华、沈昌祥、沈家骢、沈荣骏、沈善炯、沈寅初、沈允钢、沈之荃、施教耐、施履吉、施雅风、石钟慈、苏步青、苏元复、孙优贤、谈家桢、谭建荣、谭其骧、唐孝威、涂长望、汪猷、汪胡桢、汪懋华、汪槱生、王序、王元、王葆仁、王淦昌、吴晗、吴常信、吴浩青、吴健雄、吴孔明、吴硕贤、吴文俊、吴学蔺、吴征铠、吴中伦、吴祖垲、夏鼐、夏道行、向达、谢学锦、谢义炳、徐僖、徐承恩、徐光宪、徐世浙、徐扬生、徐元森、徐芝纶、许庆瑞、薛鸣球、阳含熙、杨福愉、杨华勇、杨焕明、杨奇逊、杨卫、杨裕生、姚鑫、叶笃正、叶培建、袁权、臧克茂、张泽、张德庆、张乃通、张嗣瀛、张友尚、张肇骞、张直中、张钟俊、章名涛、赵九章、赵梓森、郑树森、支秉彝、周志炎、朱壬葆、朱位秋、朱玉贤、朱祖祥、竺可桢、庄逢辰、邹元爔、陈云敏、陈仙辉、景益鹏、罗民兴、徐国良、杨树锋、张锁江、陈纯、陈学东、陈建峰、罗安、张新友，等等。

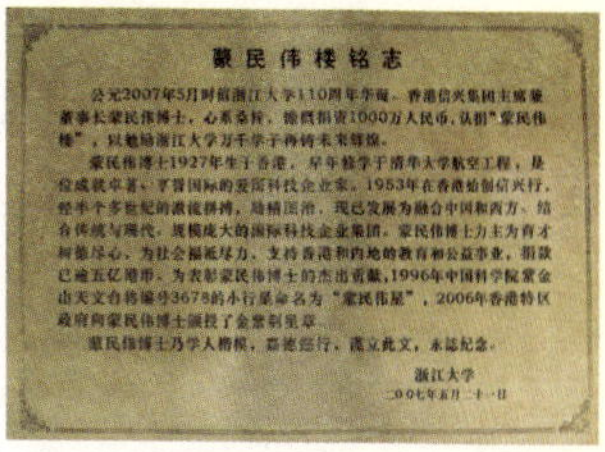

▲ 紫金港校区院士长廊所在蒙民伟楼

浙大文库

位于紫金港校区图书馆四楼。成立于 2003 年 3 月，是一处永久性收集、展示、保存浙大师生及校友著作的学术宝库，也是师生及校友进行学术交流和学术研究的重要场所。共收集、展示、保存浙大师生和海内外校友历年来自愿馈赠的学术著作 10000 余册，包括中外文专著、译著、合著、教材等，营造了良好的学术氛围，对于弘扬“求是”学风，促进学术繁荣，增强学校凝聚力起到了积极的作用。

值得一提的是浙大文库于 2010 年 7 月开设了浙江大学人文社科名家展，已故的大批浙江大学人文社科名家得到展示，包括劳乃宣、吴震春、林白水、陈去病、陈独秀、刘大白、马寅初、马一浮、沈尹默、邵裴子、马叙伦、俞子夷、邵飘萍、陈大齐、梅光迪、陈望道、郑晓沧、吴定良、郭绍虞、孟宪承、郁达夫、钱穆、郭任远、丰子恺、钱南扬、王庸、向达、王驾吾、夏承焘、沙孟海、夏衍、刘节、胡士莹、张其昀、姜亮夫、陈立、黄翼、胡寄窗、德梦铁、沈炼之、常书鸿、费巩、施蛰存、林淡秋、孙席珍、金仲华、王季思、李浩培、严群、张充仁、严德一、吴晗、田德望、夏鼐、朱生豪、谭其骧、胡乔木、陈学恂、许国璋、蒋礼鸿、沈文倬、徐朔方、郭在贻等。他们或为 1994 年以前被国务院学位委员会批准的博士生导师，或为《中国大百科全书》（第一、二版）收录的学者，还有的是公认的大

▲劳乃宣

▲吴震春

▲陈去病

▲刘大白

▲邵裴子

▲孟宪承

▲钱　穆

▲郭任远

▲丰子恺

▲夏承焘

▲夏　衍

▲李浩培

▲陈学恂

▲蒋礼鸿

▲徐朔方

师及对浙大发展作出突出贡献的学者。

这个展览是在浙大文科大会即将召开之际落成，通过展示浙大文科百十年发展史上部分名家大师及其重要贡献，充分挖掘浙大文科百十年历史的文化底蕴，更好宣传浙大文科百年所取得的辉煌成就，为浙大文科未来的发展营造良好氛围。

展示内容主要为各位名家的肖像和生平简介。现场还配置电子触摸屏，读者可以通过点击查询，了解各位名家的生平及贡献详情、浙大文科发展概况和文科学部、院（系）、研究所的简介等。目前，作为实体展览的百年人文社科名家展虽然已经收了，但是其名师风采在浙江大学社会科学院网站上仍然有网页形式的展示。在浙江大学校史馆名人墙上也有展示。

竺可桢学院

位于紫金港校区东一教学楼。浙江大学竺可桢学院成立于2000年，是以浙大竺可桢老校长之名命名，学院前身为创办于1984年的原浙江大学混合班。2000年5月，在不断完善混合班、工程教育高级班等工科优秀学生培养模式的基础上，浙江大学在全国率先成立了以实施英才教育为特色的竺可桢学院，新设了“大文科班”“大理科班”和“高科技产业创新与创业管理强化班”等，进一步加大优秀人才培养力度。

竺可桢学院每年从保送生和应届高考优秀学生中按照一定的选拔程序和标准招收学生，规模从第一年的500人逐步扩大，并实行开放式的办学模式和引入竞争机制，实行淘汰制，其他学院优秀学生经考核也可进入该学院学习。

竺可桢学院是浙江大学对优秀本科生实施“特别培养”和“精英培养”的荣誉学院，是实施英才教育、培养优秀本科生的一个重要基地，是所有浙江大学学生梦寐以求的知识殿堂，在校内外享有很高声誉。学院以“为杰出人才的成长奠定坚实的基础”为宗旨，实施哲学思想教育、数理能力训练等本科全程培养的卓越教育计划，为培养造就基础宽厚，知识、能力、素质、精神俱佳，在专业及相关领域具有国际视野和持久竞争力的高素质创新人才和未来领导者奠定坚实基础。学院依托学校强大的学科和高水平师资，采用多元化培养模式和个性化培养方案，为优秀学生的个性充分发挥、潜能充分发掘提供朝气蓬勃、张弛有度的发展空间，为培养战略性科学家、创新性工程科技人才、高科技创业人才及各界领袖人物打好坚实基础。本科阶段学业优秀且完成竺可桢学院特别培养计划的学生可申请成为学校荣誉学生，荣誉学生可获得学校颁发的浙江大学竺可桢荣誉证书。

◀ 吴朝晖

竺可桢学院培养了众多优秀人才，其中就有现任浙江大学校长吴朝晖。1984年，经过认真研究发达国家高等教育改革经验，结合国内自身的办学基础和未来学科发展趋势，浙江大学认为，浙大应当为培养引领未来的科技人才承担责任，把因材施教与浙大理工科实力雄厚、易于理工交叉和复合学科结合起来，决定创办“工科人才、理科培养、理工渗透；因材施教、优势积累”的混合班。吴朝晖是混合班的第一届学生。

1991 年，吴朝晖受公派赴德国人工智能研究中心留学。学成归国后，吴朝晖在浙江大学计算机系任教，主要从事智能技术、软件平台技术与实时嵌入技术等领域的研究与开发工作。他在科研工作中取得了突出的成绩，曾任“十五”863 软件重大专项专家组成员，国家“十一五”863 信息领域专家组成员，国家现代服务业支撑计划专家组副组长等。2005 年，参与的科研项目《计算机辅助产品创新设计的技术与系统》获得了 2004 年度国家科学技术进步奖二等奖。2010 年，他的团队研制出的首个中国制造面向现代服务业的平台软件——钱塘平台软件又获得了 2010 年度国家科学技术进步奖二等奖。2014 年，吴朝晖又以第一完成人身份，凭借《汽车电子嵌入式平台技术及应用》项目，获得该年度国家科学技术奖中的国家技术发明奖二等奖。

▲ 2000 年在全国率先成立了以实施英才教育为特色的竺可桢学院。

▲ 当年首届混合班同学合影（左起：刘孟、周如鸿、王秉达、吴朝晖）

吴朝晖为人低调，科研努力，硕果累累，受到师生敬重，也引起了党和国家的重视。2015 年 3 月 26 日，中共中央组织部有关部门负责同志在浙江大学宣布了中共中央、国务院任职决定，吴朝晖担任浙江大学校长。他在就职演讲中说：“当下，高等教育正处在持续发展、转型发展、变革发展的关键时期，学校也迎来了历史上最好的发展阶段，首先，我们要将这些共识更好地服务于国家急需、国际前沿，以及区域、浙江省的重大需求，在服务中求发展；其次，我们要将这些共识转化成更为坚定的行动，加快实施六高强校战略与综合改革方案，加快推进跻身世界一流大学的步伐，在实践中求发展；再者，我们要将这些共识提升为对高等教育发展规律的新认知，并定格为浙大人‘扎根中国大地办一流大学’的共同追求，重新认识、再度思考，要积极探索大学的根本使命、教育教学的新变革、科学研究的新范式、人文与科技的新交融以及大学治理的新结构，在探索中求发展。”

在浙江大学这艘巨舰远航的征程中，所有浙大人都在期盼着吴朝晖这位顶级的计算机专家能够在浙大百年辉煌的基础上，领导全校师生再创佳绩，早日实现把浙江大学建成世界一流大学的百年梦想！

图书馆

▶ 紫金港校区图书馆

紫金港校区图书馆又称“图书与信息大楼”，是浙江大学图书馆基础分馆大楼，位于藕舫路与宜山路口、阳明桥南侧的启真湖畔。2006 年 9 月，浙江大学旅美校友段永平及其好友网易公司首席执行官丁磊联手向浙大捐资 4000 万美元，其中段永平个人及募集资金 3000 万美元。3000 万美元捐款中共包括 6 个项目：设立 1400 万美元助学贷款基金，设立捐赠等额配比基金 1000 万美元，认捐浙大紫金港校区图书馆大楼 450 万美元，设立 80 万美元“段永平奖学金”，50 万美元资助“浙江大学浚生贫困学生助学基金”，20 万美元资助浙江大学信电系建设。

段永平说：“他人每在浙大捐赠 1 元项目建设费，等额捐赠基金就会抽出相同数量的钱配比捐助，但等额捐赠基金单笔项目出资将不超过 100 万美元。” 段永平为母校所作捐赠款额创中国大学校友最大单笔捐赠纪录，连续 5 年成为中国大学校友捐赠纪录的保持者，雄居“中国校友会网 2011 中国大学校友单笔捐赠排行榜”榜位。

段永平，江西泰和人，1982 年毕业于浙江大学无线电系。曾以创立“小霸王”和“步步高”“OPPO”三个知名品牌而闻名全国。现任步步高集团董事长。段永平有许多传奇故事，其中与巴菲特共进午餐最为神奇。

巴菲特是从 2000 年开始选择把与自己共进午餐作为平台募集慈善捐款的。段永平在美国生活了四五年后，自信一般的英语交流应酬已没问题，至少听听巴菲特的教诲是可以的！因此，当 2006 年商务网站 eBay 拍卖与巴菲特共进午餐的机会时，段

◀ 2006 年 9 月 21 日，旅美校友段永平、网易公司总裁丁磊向浙大捐资 4000 万美元。（摄影　卢绍庆）

永平参加了竞拍，并以 62.01 万美元标价获得与巴菲特共进午餐的机会。国务院发展研究中心市场所副主任陆刃波认为，62.01 万美元与巴菲特共进午餐，巴菲特受之无愧。而段永平不但能直接与巴菲特交流积累财富的技巧和智慧，更能受其财富观、价值观和人生观感染，这对国内企业家而言是无价之宝。

段永平把巴菲特的投资哲学概括得非常简单，“你要买一只股票，其实是买这家公司，因此前提是你必须了解它，这与投机截然不同！”凭借着这种心得，段永平也成为网易股价从1美元涨到70美元的受益者，甚至在华尔街的华人投资圈中有人暗中送他“段菲特”的美誉。2001 年底，段永平开始以 1 美元左右的价格买进网易股票，2003 年 10 月 14 日网易股价飙升到70美元，段永平的股票市值在一年多时间里翻了 50 倍。当年的《福布斯》把他列入了富豪榜，排名 71 位，资产 10 亿人民币。

2011 年 9 月教师节前夕，浙大利用段永平夫妇捐赠款项设立“浙江大学心平奖教金基金”，以此激发一线教师的工作热情，树立业务精湛、关爱学生成长的优秀教师典范。基金以“心平”命名，笔者以为与段永平夫妇的名字有关，大概是取段永平名字中的“平”字和段永平夫人刘昕名字中的“昕”字的谐音“心”字，组成了“心平”二字。而这“心平”二字不就是对普通教师作育人才的最纯朴的要求吗？如果有“心平”二字，处在教书育人最前线的教师们一定能够培养出高素质的人才。段永平夫妇大概也是持这样的思想吧。

按照计划，基金将连续 20 年每年嘉奖 8 位教师，其中“杰出教学贡献奖”1 ～ 2 位，奖金每人人民币 100 万元，“教学贡献奖”每人奖励 10 万元，“教学贡献提名奖”每人奖励 1 万元。获得“杰出教学贡献奖”的教师不重复参评。目前获得心平杰出教学贡献奖的教职工有：郁建兴、姚缨英、张振跃、苏德矿计四位。王岳飞获 2015 年度永平杰出教学贡献奖。他们是全校师生员工心目中在教书育人战线上的英雄，得到了全校师生的认可与推崇。

◀
四位心平杰出教学贡献大奖获得者的教学场面。苏德矿（左上）、姚缨英（右上）、郁建兴（左下）、张振跃（右下）。

名人雕塑群

▲ 孔子像

▲ 华佗像

▲ 李时珍像

浙江大学办学历史悠久，数量庞大的名师大家在浙江大学的历史长河中聚也依依，散也依依，来时为浙大的教学、科研、服务注入活力，去时为浙大的精神、文化、声誉留下响。这些人，有的是自然科学领域的院士专家，有的是人文社科领域的学者名师，他们宛如星空中闪烁的明星，是浙江大学最为璀璨的珍宝。学校为表彰他们的丰功伟绩，弘扬他们的学问精神，为学子营造良好的文化环境，除建设了院士长廊、社科名家展览外，还建设了一大批的名人雕塑，形成了名人雕塑群。

孔子像。位于紫金港校区东三与东四教学楼之间的内庭院中。于 2007 年 5 月 21 日落成。铜像高 3.3 米，底座是整块花岗岩，高 1.8 米。孔子面带微笑，神情庄严、慈祥，合手行礼，躬行教化。铜像由香港孔子教育学院捐赠。由著名雕塑家曹崇恩教授创作。

华佗像。位于紫金港校区医学院组团东侧院落内。曾与李时珍像一起成为浙大湖滨校区的标志性雕塑，于医学院搬迁时一并迁入紫金港校区。华佗是东汉末年著名的外科专家，他长期行走民间行医，关心百姓疾苦，并且首创了麻沸散，素有“神医”之称，是世界上第一位使用麻沸散进行手术的医生。

李时珍像。位于紫金港校区药学院大楼南侧。李时珍是明代杰出的医药学家，耗尽一生的心血，撰写了一部系统总结了我国明以前在医药学上成就的医学巨著《本草纲目》，为后来的学医者遗留了宝贵的知识财富。华佗和李时珍都是我国古代著名的医者，千百年来在我国民间享有极高赞誉，是悬壶济世、救死扶伤的代名词。

孙中山像。位于紫金港校区西教学区启真湖畔。于 2013 年 9 月 18 日落成。由孙中山先生孙女、孙中山和平教育基金会主席孙穗芳博士和中国孙氏宗亲联谊会执行会长孙妙川先生共同捐赠。

韩清泉像。位于紫金港校区医学院组团内。韩清泉原系浙江高等学堂校医，后赴日本留学。于 1912 年创办浙江医学专门学校。这是第一所由国人自己创办的兼培育医、药专门人才的学校，韩清泉自任校长。他在担任校长期间，既坚持门诊手术，又亲自授课辅导，并多方罗致人才，办学成绩显著，1916 年学校因考核优异，荣获教育部“绩学宏仁”匾额。

马寅初像。位于紫金港校区启真湖东岸，临水报告厅东南侧。于2007年校庆日落成。铜像高1.2米，重约0.8吨，由中共绍兴市委、市政府捐建。作者为著名雕塑家沈文强教授。

马寅初是杭州解放后浙江大学的首任校长。1949 年杭州解放前夕，校长竺可桢悄然离开杭州赴上海蛰居。5月3日，杭州解放，浙江大学被军事接管。俗语道“国不可一日无主”，大学也不可一日无校长。自竺可桢校长离杭赴沪以后，浙大校长职位一直高悬缺位，亟须补位。8月26日，浙江省人民政府主席谭震林来校宣布著名经济学家、教育家马寅初出任浙江大学校长。数千名浙大师生员工聚集在健身房的子三广场，目睹著名学者马寅初出任浙大校长，莫不欢欣鼓舞。

马寅初担任浙大校长期间，发扬民主作风，探索民主治校方略。1950 年 4 月 1 日，在马寅初校长倡导下召开了浙江大学第一次师生员工代表会议，讨论如何办好学校。在会上，马寅初要求师生代表“知无不言、言无不尽”，对于学校行政、学制、课程内容、教学方法、师生关系、职工生活等方面充分发表意见。他强调“办好一个大学，不能单靠校长一个人的力量！一个人的力量是很有限的，应当是人人提方案，个个想办法，大家献计献策，大家都以主人翁的态度共同努力，创造新浙大”。在他的号召和发动下，师生员工积极献策，提案和建议多达近千条。显然，这种民主作风和主人翁态度的彰显，对于在全新条件下创办浙江大学无疑具有重要意义。只可惜马寅初身兼数职，公务繁忙。他不仅担任浙江大学校长，同时还是中华人民共和国中央人民政府委员，中华人民共和国政务院财政经济委员会副主任，华东军政委员会副主任。他不仅属于浙大，也属于全国。1951 年 5 月，马寅初调任北京大学校长。浙江大学的师生员工满怀难舍心情，依依惜别马寅初校长。

竺可桢像。紫金港校区竺可桢像位于月牙楼前。建成于 2007 年校庆日。铜像高 2.5 米，重约 1 吨。铜像目光深邃而宁静，风衣一角仿佛在前行中被风撩起，一手拄着拐杖，

▲ 孙中山像

▲ 韩清泉像

▲ 马寅初像

步伐有力而坚定，儒雅之中透露出无限豪气。这尊铜像采用了深色调，整体形象庄重厚实，与月牙楼的主体白色搭配协调而显得更有层次感。铜像由中共绍兴市委、市政府捐建。作者为著名雕塑家潘锡柔教授。

▲ 竺可桢像

王季午像。位于紫金港校区医学院行政楼东侧，落成于 2012 年。由附属第一医院、医学院 1977 级、1978 级校友捐建。

王季午是我国著名的内科学、传染病学家和医学教育家，浙江大学医学院的创建者，也是我国传染病学的创始人之一。

▲ 王季午像

抗战胜利后，教育部决定在北京大学、浙江大学、山东大学和武汉大学各增设医学院。浙江大学校长竺可桢约请北平协和医学院教授、贵阳医学院院长李宗恩筹备浙大医学院。李宗恩因为主持“协和”复校工作而将浙大医学院筹备工作委托给王季午。1946 年春，王季午抱着把浙大医学院办成国内一流的宗旨，从贵阳到遵义与竺可桢校长商谈筹建浙大医学院事宜，初步制定了医学院的规模、学制、课程设置等，并提出了学生人数不能多，学制要长，临床实习基地要尽快建立等办学建议。他强调，学生的培养要严要求、高质量，实行淘汰制，宁缺勿滥。借鉴欧美各大学和协和医学院做法，定为七年制，即二年预科、五年本科。就这样，王季午创办了浙江大学医学院，时年 38 岁，是当时浙大各学院中最年轻的院长。

▲ 钱三强像

建国初期，我国的传染病防治形势十分严峻。1952 年，浙江临海很多农民得了一种发烧的病。王季午亲临现场，发现这种由感染而引起发烧的病例，他在“协和”时曾碰到过，因此马上想到这是否为钩端螺旋体病。他和同事们对患此病致死的尸体进行解剖，终于在人体内脏及尿、血和脑脊髓中找到、并分离出病原体，这在当时属国内首次发现，这一研究成果于 1978 年获得了全国科学大会奖。

1954 年，在浙西衢州造飞机场时，许多工人患发莫名其妙高烧病。这是什么病？如何医治？当时无人研究也无人知晓。王季午又一次亲赴现场，悉心调查研究，首次证实了急性血吸虫病的流行。1955 年，王季午制定了氯喹与吐根碱合并疗法，这是当时最有效的治疗方法，被全国各地和朝鲜推广应用。20 世纪 50 年代，中国高等医学院校都采用外国的传染病学教材。王季午决心打破这一现状，要编写出一本适合国情的传染病学教材。他自编了一本《传染病学》讲义，在浙江医学院试用，教师和学生反应均很好。1959 年，在卫生部统一组织下，他主编出版了《传染病学》，是中国第一部高等医药院校教材。他还亲自制定了教学大纲，参考了大量国内外有关文献书刊，吸收了国内外传染病研究的最新成就，并进行了中西医结合的尝试。该书内容充实，精练，全面，条理清晰，深入浅出，自 1959 年第一版问世以来，深受全国广大师生欢迎。由于他的不凡成就，1956 年，王季午被评为全国先进工作者，受到毛泽东等中央领导的接见。

钱三强像。位于紫金港校区启真湖西岸。于2007年校庆日落成。像高1.65米，重约0.8吨。另有若干圆球形造型，散落于雕像四周，喻示钱三强在铀核三分裂和四分裂现象等方面的发现和研究。像由湖州市委、市政府捐建。作者为著名雕塑家李秀勤教授。

钱三强 1936 年从清华大学物理系毕业后，担任了北平研究院物理研究所严济慈所长的助理。第二年，通过公费留学考试，钱三强赴巴黎大学居里试验室做研究生，导师是居里的女儿、诺贝尔奖获得者伊莱娜·居里及其丈夫约里奥·居里。1940 年，钱三强取得了法国国家博士学位，又继续跟随第二代居里夫妇当助手。1946 年，钱三强与何泽慧结婚。夫妻二人共同在研究铀核三裂变研究中取得了突破性成果，导师约里奥向世界科学界推荐其突破性研究成果。不少西方国家的报纸刊物刊登了此事，并称赞“中国的居里夫妇发现了原子核新分裂法”。同年，法国科学院还向钱三强颁发了物理学奖。

新中国成立后，钱三强全身心地投入了中国原子能事业的开创。他担任中国科学院近代物理研究所（后改名原子能研究所）的副所长、所长。1955 年，中央决定发展本国核力量后，他成为规划的制定人。1958 年，他参加了苏联援助的原子反应堆的建设，汇聚和培养了一大批核科学家。1960 年，中央决定完全靠自力更生发展原子弹后，钱三强担任技术总负责人、总设计师。

改革开放后，浙江大学的领导体制发生了改变，由教育部所属高校改为中国科学院所属高校。为了加强对浙江大学的领导，中国科学院派时任副院长的钱三强担任浙江大学校长。当时，国际科技发展已经十分迅速，创新成为推动各国科技进步的重要力量。钱三强敏锐地捕捉到了这一国际科技发展的最新动向，在 1979 年 4 月第一次与浙大师生见面时，就向浙大师生员工提出，要继承和发扬“求是”精神，培养和鼓励“创新”精神。这一思想被后来的路甬祥校长所接受，提出了“求是创新”的新主张，对于此后浙江大学的改革发展无疑产生重要的思想引领作用。

1999 年，中华人民共和国建国 50 周年前夕，中共中央、国务院、中央军委向钱三强追授“两弹一星功勋奖章”，表彰了这位科学泰斗的巨大贡献。与钱三强同时受到表彰的浙江大学校友还有王淦昌、程开甲、赵九章。

学科博物馆群

▲ 浙江大学艺术与考古博物馆效果图

浙江大学学科齐全，历史悠久。各学科在长期的办学过程中，逐渐积累了大量的设备、仪器、标本、文物、史料等，形成了富有学科特色的文物室、标本馆、博物馆等特藏机构，在教学、科研、服务的过程中发挥着日益显著的作用和影响。浙江大学虽然不像台湾大学等著名大学那样建成了比较完备的学科博物馆体系，但是学科博物馆群的趋势已经初露端倪。

艺术与考古博物馆。位于紫金港校区西区南角，余杭运河北岸，占地 3.3 万平方米（50 亩）左右，建筑面积 2.5 万平方米左右，其中展示面积 7000 平方米左右，库房 3000 平方米左右，学科教学（含艺术史与考古研究中心）4000 平方米左右。

2007 年，浙江大学原党委书记张曦带领浙江大学代表团访问纽约大都会博物馆和普林斯顿大学艺术史与考古学博物馆，受到很大启发。回国后，张曦积极推动浙江大学艺术与考古博物馆的规划与建设工作。当前，该馆基建已经基本完工，机构定位为：收藏、展示反映中国艺术史与艺术考古成果的文物、文献，组织开展相关课题研究、高级人才培养、教学实践、学术交流，对浙大师生和社会公众文化服务的公益性、开放性、学术性事业机构，探索实施事业单位法人治理结构的管理运行体制。

浙江大学以创建世界一流大学为己任，随着综合性大学改革和发展进程的加快，建设一座高水平的艺术博物馆变得日益重要，故而有创建浙江大学艺术与考古博物馆之举。据悉，第二次世界大战期间，美国著名的援华部队美国志愿航空队，俗称“飞虎队”的指挥官陈纳德将军夫人、世界著名华人华侨领袖、社会活动家、美国国际合作委员会主席陈香梅女士所拥的富有特色、极有价值的旗袍等珍贵物件已经收藏入馆。爱美的女生可以一饱眼福了。对于研究服装艺术史的专家学者来说，也是一个极其难得的研究资料，令人向往。与此同时，陈香梅女士的大量中文书信入藏浙江大学档案馆，是极具珍贵的研究史料。

昆虫标本馆。位于紫金港校区农学院大楼。始建于20世纪20年代，藏有20万余号标本，其中5000余件符合可移动文物自然类藏品标准，包括昆虫模式标本、中国新记录种标本、国家一、二级保护动物标本、昆虫化石标本、浙大西迁时采集标本和1950年至今的农业昆虫生活史标本。

▲ 昆虫标本馆

昆虫标本馆所藏标本主要用于昆虫学相关的教学和科研任务。目前有两个分馆(农生环大楼A342室和C1104室)，所存各种标本是历届本科生、研究生和教师在教学实习、暑期实践和科研训练项目中采集制作而积累起来的，包括曾任浙江大学农学院院长14年之久的蔡邦华院士等采集的标本。

▲ 医学人体博物馆

馆里还保存了我国各个时期的农业害虫的标本，是国内农业害虫种类最齐全的标本室。馆里还保存有国内仅有的标本，比如最大的天蚕蛾、吉丁虫，稀有的叶虫修、凤蝶等，共有700多种，3000余号。1939年采于广西宜山的一对乌桕蚕（Attacus atlas Linnaeus），雄蛾翅展192mm，雌蛾翅展251mm，是目前国内体型最大的蛾类标本。叶虫脩科（Phyllidae sp ）属具有拟态特性，模仿叶片的形态和颜色，世界上仅存21种，是一类难采集、观赏性很强的珍稀昆虫。多数标本是成套的生活史标本，有卵、幼虫、蛹和成虫各个时期的标本，非常珍贵和难得。

这里也是亚洲最大的寄生蜂标本馆，无论是种类还是数量都居于首位，保存有2000多号模式标本。1962年我国第1套“农业昆虫学”教材一书中许多害虫的插图都是按照本标本室的标本实物绘制而成，后来许多教材的插图都仿制于此标本馆中的标本。

医学人体博物馆。位于浙大紫金港校区医学院教学B楼。2012年5月24日落成。该馆是浙江省内唯一一座人体医学博物馆，建筑面积1500平方米，由一个长方形建筑和一个圆球形建筑两部分组成，包括前厅、报告厅、标本展示厅，以及多功能厅四个部分，现有馆藏标本2500余件，包括人体正常标本和各种疾病标本、大体标本和显微标本，并按人体器官系统和疾病种类陈列，其中许多特色标本、精品标本，是自行设计、国内首创。该馆专门配备了专业的讲解员，为来参观的师生答疑解惑。但是，出于对逝者的尊重，也为更好地保护标本，该馆有特殊要求，就是不能拍照和摄像。

肃穆碑林

每一块石碑，都是一种庄严的宣誓和纪念。浙江大学是所经历风雨沧桑的百年名校，她的诞生，肩负着“兴学图强”的民族使命；她的发展，创造了“东方剑桥”的恢宏气象；她的今天，凝聚着党和国家、人民的深切期望，努力创建成为一所具有中国特色的世界一流大学。总之，她是一所历史悠久、享誉国际、任重道远的知名高等学府。笔者以为，她承受着太多的期望，因而也就必须永远记住自己的使命与承诺。树立碑记，无疑是一种绝佳的方式。

▲ 黑白文艺社暨何友谅烈士纪念碑（玉泉校区）

黑白文艺社暨何友谅烈士纪念碑。位于紫金港校区小剧场南侧的草坪上。于 2010 年 5 月 18 日落成。纪念碑采用花岗岩材质，通体暗黑，呈叠书状，最上面一本书呈打开状。安静而肃穆。落成当日，全国十佳大学生社团组织——黑白剧社在启真湖畔的下沉式文化广场举办了浙江大学黑白文艺社纪念碑紫金港落成揭幕仪式暨纪念图片展开幕活动。

▲ 黑白剧社社员合影

黑白剧社是在 1936 年末由一批爱国进步的浙大学生自发组建的学生文艺社团，当时称为黑白文艺社。“黑白云者，意在申明收复时受日寇侵占之‘黑水白山’之决心，及研判是非如黑白分明之求是精神。”黑白剧社的成员在日寇逼近、时局危急的大环境下，怀抱爱国远志，常存救亡之心，时相切磋砥砺，学习进步文艺与社会科学理论，并出版壁报、设图书收藏，传阅进步书刊，藉以宣传革命思想。浙大西迁时，该社积极组织学生参加战地服务，投身抗日救亡运动，为当时浙大爱国进步学生之中坚。

▲ 浙大剧团团员合影（1944 年）

1942 年，为反对国民党行政院院长孔祥熙于日寇入侵香港时置大批滞港人士而不顾的行径，浙大等校学生举行了声势浩大的“倒孔运动”，黑白文艺社亦参与其中，国民党当局随后予以镇压，黑白文艺社社长何友谅被捕并遭杀害。之后，黑白文艺社由公开转入地下坚持秘密活动，直至新中国成立。

▲ 何友谅像

何友谅烈士（1916—1943），浙江鄞县人，幼年随父客居上海。父早亡，兄何友甫操西服成衣业抚育全家。1935 年，何友谅毕业于上海澄衷中学初中部，因家境贫寒，无力续学，入上海申报馆任练习生。抗战爆发后，何友谅在桂林书店任雇员。1938 年以同等学力考入浙江大学中国文学系。在浙大师生举行的讨汪（精卫）大会上，何友谅上台慷慨陈词，爱国激情溢于言表，与会师生均极感佩。随后加入浙大进步学生社团“黑白文艺社”，1939年初当选为第三届社长，后连选连任，直到被捕为止。三年级时任学生自治会出版股长，负责编辑学生会刊和《生活壁报》，经常发表时评和随笔，抨击时弊。1940年加入“马列小组”，1941年还以“明天”为笔名发表了中篇小说《青春进行曲》（桂林书店出版），反映救亡运动中青年的感受和向往。他以极大的热情从事抗日救亡、爱国民主运动，终于被以所谓共党分子被特务秘密逮捕，拘押在重庆青木关五云山集中营，遭受残酷折磨。竺可桢校长曾多方设法营救，但都没有成功。1943年，何友谅被害身死，年仅27岁。1994年，浙江省人民政府批准何友谅同志为革命烈士。

▲ 西迁纪念碑亭

为纪念何友谅烈士，浙江大学首先于2001年在玉泉校区建立了“黑白文艺社暨何友谅烈士纪念碑”。紫金港校区的这个黑白文艺社暨何友谅烈士纪念碑则于2010年落成。二者在形状上完全相同，但在颜色上刚好相反。玉泉校区的纪念碑通体白色，紫金港校区的纪念碑则通体黑色。两者相加，显然是在说明同时纪念何友谅烈士生前活动过并因之献出宝贵生命的黑白文艺社。

黑白文艺社是一个比较活跃的校园文学艺术团体，但是更加活跃的校园文学团体是浙大剧团。其实，浙江大学具有源远流长的校园戏剧传统。早在1936年末，一批爱好戏剧的浙大同学就已经组织起来，开展戏剧演出活动。1936年12月5日，有学生“假座秘书处大礼堂”举行包括中英文以及平剧等不同戏剧的公演，甚至成立了“平剧社”，倍受关注。不过，若究民国时期浙大最有影响的校园剧团，笔者以为“黑白文艺社”可算一个。另外就数“浙大剧团”了。它是浙大最为著名的校园专业剧团。它是1940年由遵义浙大校方发动学生组织成立，下设话剧、京剧两组。

有学者认为“文化化人，艺术养心，校园戏剧作为学校德育和美学教育的一个重要方面，其作用不可忽视。”事实如此。20世纪30、40年代，以“黑白文艺社”“浙大剧团”为代表的浙大学生社团繁荣发展，催生了一种激励师生克难而上、奋发有为的校园文化氛围，并转化成为推动大学崛起的一种强劲动力。这也是当年浙江大学之所以崛起成为“东方剑桥”的一个重要原因，对于今天以培养一流人才为己任的高水平大学而言，无疑具有启迪意义。

西迁办学纪念碑。位于紫金港校区北山南坡西迁办学纪念碑亭内。2013年校庆日落成。新落成的纪念碑亭建造风格古朴，背山面水，地势开阔，正向面南的立柱上挂有“国有成均，在浙之滨”“树我邦国，天下来同”的楹联，亭中石碑正面刻有“西迁办学纪念碑”七个大字。碑高约2.5米、宽1.3米、厚0.23米。石碑的正面刻有“西迁办学纪念碑”七个大字，

▲ 无语良师碑

▲ 医学生誓言碑

▲ 情无数碑

由原浙江大学校长路甬祥题字；背面是浙大人文学院专家教授集体创作的关于西迁办学历史的碑文。2009年，浙大启动了浙江大学西迁办学纪念碑亭的建设工作。浙大台州校友会专门筹集了人民币50万元，用于碑亭建设。碑亭的建成为紫金港校区浙大校园又增加了一处颇有文化底蕴的文化景观。

纪念碑铭文云：

七七事变，日寇凭陵；中原板荡，钱塘兵燹。为存华夏文脉，育民族英才，浙江大学毅然举校西迁。蒙霜犯露，跋山涉水，转临安、建德，驻泰和、宜山，终至遵义、湄潭。行程五千余里，历时八载有奇。又设龙泉分校，以裨浙皖赣闽青年就学。此吾浙大之壮举，实旷古所罕见。

西迁之途，涉重险，处蹇屯，备尝艰难险阻，不挠鸿鹄之志。校长竺可桢绍述先哲雅意，垂求是为校训；硕儒马一浮檃括圣典精义，发为学成校歌。浙大精神，焕然彰明，师生同德，躬身践履。其时也，邦国危殆，战火纷飞；其地也，边徼荒野，生资匮乏。而吾校大师云集，髦士景从；桐油灯影，翰墨弦歌；精研学术，邃密群科；成就卓著，蜚声中外。

夫大学者，学术之堂奥，文化之渊薮，而国家民族精神之所寄也。方乱离播迁之际，吾校勇赴时艰，矢志教育，以承斯文为己任，以求天下之来同。西迁兴学，乃求是精神之辉光；西迁精神，乃为学无际之动力，彪炳史册，永世所宝。

悠悠浙大，运系中华。习坎示教，明志奋发。毋忘忧患，用是成达。求是创新，博浪淘沙。铭怀往贤，以励来者。

无语良师碑。位于紫金港校区医学大楼西侧。2012年5月24日落成。该碑是浙大医学部为纪念232位捐献遗体者而建。石碑由三块独立的花岗岩和彩钢透雕围合成一个敞开的U型空间，在石碑的正中间刻着“无语良师”的字样，两侧的石碑上篆刻着遗体捐献者的姓名。

医学生誓言碑。位于医学部院区教学中心庭院。于2012年5月24日落成。碑由三块大小不同的花岗岩组成，花岗岩的组合宽度3.1米，高度2.6，米总重量近8吨。中间一块造型是抽象变形的脊梁，象征着将要迈入医学界的莘莘学子，上面镌刻着中文版的医学生誓言。左侧的石碑镌刻着英文版的希波克拉底誓言，右侧则镌刻着希腊文版本的希波克拉底誓言。誓言为：“健康所系、性命相托。当我步入神圣医学学府的时刻，我决心竭尽全力除人类之病痛，助健康之完美，维护医术的圣洁和荣誉……”

情无数碑。位于紫金港校区医学院组团西南侧。2007年5月落成。由医学院校友捐建。

长青树林

▶ 湄潭林

▶ 遵义林

浙江大学的百年历史，既是人才培养、科研创新、服务社会、引领文化的历史，也是党和国家，包括社会和友人对浙江大学关怀、支持、帮助的历史。学校应当记住每个历史发展时期中与地方和校友结下的深厚情谊，更要不断深化这种珍贵的友谊，将其转化成为学校改革发展的强大动力。何以表达这友谊长青呢？所谓“十年树木，百年树人”，就且以树林寄托这种良好的祝愿了。

湄潭林、遵义林。位于紫金港校区北山东南面、月牙楼北前往食堂路上的左侧。有两块巨石，分别镌刻着“遵义林”“湄潭林”字样。于 2005 年 3 月 17 日落成。当日，遵义市代表团访问浙大。为永远铭记浙江大学曾经西迁遵义、湄潭办学的那段历史，遵义代表团成员和浙大党委书记张曦等人一起在紫金港校区种树，共建遵义林和湄潭林，共同见证双方的新情谊，以续情缘，激励后人。愿浙大与遵义湄潭的深情厚意像这长青树一样，万古长青，百世流芳。

▲ 龙泉林

▲ 义乌林

▲ 校友林

龙泉林。位于紫金港校区西一教学楼北侧。2007 年 5 月 16 日落成。占地面积 800 平方米，由红豆杉、江南油杉、柏乐树等龙泉当地特色珍贵树木组成。龙泉市林科所承建该林。龙泉林的种植，是为纪念浙江大学在抗日战争时期曾迁到龙泉芳野办学，与龙泉人民结下了非常深厚的友谊。

义乌林。位于紫金港校区东六教学楼南侧。2004年由义乌市捐赠。义乌林的种植，是为了进一步深化浙大与义乌的合作关系。浙大与义乌的合作渊源颇深。早在 20 世纪 80 年代就在科技、农业等领域开展了项目合作。近年来，双方进一步建立了全面战略合作关系，在科、教、文、卫等领域展开对接，合作呈现出全面“开花”的欣欣向荣的姿态，甚为喜人。

校友林。位于紫金港校区食堂东南面，和北山连为一体，是各届校友捐赠种植树木的集中地，体现了校友们对母校的一片爱心。校友林于 2004 年 3 月 12 日落成，经过精心养护，已经形成带有显著季相特征的复合混交群落，生长着如银杏、枫香、无患子、黄栌、及槭树科植物等，是紫金港校区内的一个小型植物园。通过对树林品种、习性等介绍文字的挂牌，既满足了教学和休闲的功能，又加深了所有浙大学子与母校浙江大学之间血浓于水、永不割舍的关系。

启真湖

从紫金港校区的东门进入校园后，沿着宜山路西行，来到阳明桥上立定。无论你是朝北眺望，还是朝南眺望，碧绿广阔的启真湖就在你的脚下、眼前，静如处子。在她的西边西教学区的大楼林立；而在她的东侧又有东教学区的幢幢校舍。从这些校舍里，源源不断走出的浙大学子，沿着湖边走出了一条长长的S型小路，那正是启真湖的美妙身姿。启真湖啊，真是让人迷恋。

启真湖的名字来自浙江大学校歌中的“昔言求是，实启尔求真”。她的取名源自学校举行的一次广泛的意见征求活动，而著名校史专家李曙白从国学大师马一浮先生所著浙大校歌中汲取灵感，以“启真”二字为之名，得到学校上下的认可，故有此名。华南建筑设计院的何镜堂院士设计了启真湖，竭力体现“曲水流觞”的概念。启真湖凭借原来良好的水乡地貌挖建而成，属人工湖。

南华园。位于紫金港校区启真湖西岸，医学院、药学院北面，原生态的湿地保护区之内。系明清时期的一处古民居，于2005年6月16日通过古民居复还工程竣工验收。工程建设建筑面积611.62平方米，古建二层，分两幢，中间有连廊相连。该建筑由武义书画院院长王卿芳捐献，绍兴园林建筑有限公司承建。

▼ 启真湖

◀ 南华园

2002年秋天。武义龙游交界处拆除两幢明末民居，颇具特色。浙中民居作为中华古民居的一个分支，建筑形式素来富有特色，然而因存世数量日渐稀少，熟悉其形制的人也越来越少。当时正值浙江大学紫金港校区一期工程竣工，武义县政府发出倡议，向民间寻求赞助，希望有识之士能将这两古建买下赠与浙江大学，一来可以在高等学府中永久保存古代建筑精华的标本，二来也为浙江大学丰富校园文化。武义书画院院长王卿芳先生听闻此消息，慨然应允，出资捐赠。2003年底，明清古民居主体结构运至紫金港校区。2005年5月，这两幢建筑正式安家于浙江大学紫金港校区，由浙江大学原校长潘云鹤为之题名“南华园”，副校长卜凡孝还为南华园书写碑记。

南华园内两幢古建筑保留了大量富有时代和地方特色的牛腿、雕花等精品，建筑外围竹径通幽、莺飞草长，富有传统风格的古建筑和充满野趣的自然生态有机结合。在翠竹修林的掩映中，南华园显得飘逸清朗，独树一帜，又和烟柳如盖、水波荡漾、绿荫青藓的湿地相得益彰，构成了一幅充满了宁静和谐气息的校园建筑景观。近邻秋水湛碧，春柳拂栏，远映群楼巍峨，学子涌动，古朴典雅园林风貌与现代科技文明和谐相融，动静相宜，好一派宜人景象。自此之后，南华园是浙江大学紫金港校区中最具古典意韵的一处幽雅院落，也成为最受浙大学子欢迎的交流、活动场所之一，时常可见浙大师生围坐一道，谈古论今，言笑晏晏，雅意盎然。每年农历三月初三，这里还举办“三月风吟”诗会，已然成为浙大人文经典文化品牌。

西教学楼。位于紫金港校区东区，启真湖西侧。该建筑组团由设计大师程泰宁设计。建筑面积60114平方米。西教学楼的设计上，充分考虑了与周边环境的融合，注重建筑外观造型，采用多单体、多层次、多连廊的组合风格。建筑群层次分明、错落有序，尤其在临水面大片的草坡柔化了人造景观与自然景观的边界，强调了规划中建筑物与水系相融合的理念。内设教学大楼，包括多媒体教室、一般教室、专用教室、土木与材料试验中心及力学试验中心。西教学楼的墙面为土黄色，深色的墙面体现了学校深厚的文化底蕴，而在其上增加的白色细致的构件在其作为反射板的功能之上成为造型中的一种活跃元素。

东教学楼。位于紫金港校区东区，启真湖的东侧，建筑面积170000平方米。2002年10月竣工落成。东教学楼由中国工程院院士、华南理工大学建筑设计院院长何镜堂教授设计。设计十分注重交流的空间，各单体之间均有连廊相通，特别是500米的文化长廊是该工程的一大亮点。建筑组团的东侧为4万平方米的外语学院和13万平方米的公共教学区。外语楼包括外语学院行政办公室、教室、外语考试中心、演播室、录音棚等科研用房，均采用多媒体系统。整个建筑由五个区通过约300米长、6米宽的大连廊组合而成。整体建筑以白色面砖为基调，门窗及立面细部辅以墨绿色槽钢装饰，简洁而不失大气。学院门口植于水面的棕榈树和跳跃的喷泉互相映衬，更为外语楼增添了一份动感美。公共教学区主要功能为学生教学楼，包括大小教室、公共基础实验室、教师休息室等。

李摩西楼。又称“李摩西校友活动中心”。位于紫金港校区启真湖东南岸。始建于2006年，于2011年5月21日落成。由浙大56级医疗系校友、美国华美医学基金会主席李摩西出资110万美元支持建设。大楼属纳米组团建筑的一部分，建筑面积约3000余平方米，呈不对称“T”字形，南北方向设计有大台阶和五根浮雕柱。大台阶是大型活动时的礼仪入口，连通二层的展示大厅及三层的学术报告厅和西向的景观大平台。

大台阶不仅具有平时意义上的交通功能，更是环境的一部分，也是室外大型公共展示空间，平时也为学生休闲、看书提供了理想的场所。

该楼是广大校友与母校、老师、学生之间及校友与校友之间交流、回忆、联欢、讲学、合作洽谈的平台和场所，适宜举办校友返校报告、联谊、合作洽谈等活动；同时，场馆内还展示校友成就、校友对母校作出的贡献等事迹和校友总会、各地校友会活动的情况。

李摩西因生时战乱，家人一路把他藏在竹篮中逃难奉化县，类似《圣经》中犹太先知，故起名为摩西。1956—1961年间就读于浙江医科大学，后因国内政治运动激荡，被下放到绍兴的农村务农。之后其赴上海，并由上海港乘船偷渡到香港。1965—1985年，任香港金路贸易有限公司董事长。后移居美国，曾出任美国旧金山市副市长、台湾国民党主席连战的顾问。

咏曼阁。即紫金港校区临水报告厅。位于启真湖东侧，东一教学楼的西南角。2012年，香港合孚行有限公司董事长杨咏曼女士向浙江大学慷慨捐赠人民币500万元。浙江大学为感谢杨咏曼女士慷慨捐资的义举，彰显其关爱浙大、惠教泽学的崇高品德，浙大决定将紫金港校区临水报告厅永久冠名为“咏曼阁”。

▶ 咏曼阁

捐赠暨冠名仪式于当日上午在浙大紫金港校区临水报告厅隆重举行。浙江大学校长杨卫、浙江大学发展委员会主席张浚生分别向杨咏曼女士颁发了捐赠证书和捐赠铭牌。杨咏曼女士在致辞中表达了自己对家乡浙江大学的亲切感受。她表示，能为振兴教育事业和关心下一代出一份力、献一份爱，让她感到无比光荣，能为家乡浙江大学的建设与发展出一份力是她一直以来的心愿！

杨咏曼女士为香港铜紫荆星章获得者、荣誉勋章获得者、香港太平绅士。1995 年以来，她为香港和内地的公益事业（主要是老年、儿童慈善事业和教育事业）先后捐资，款项达 3,000 余万元，捐办多所学校、福利院等，长期致力于内地和香港的经济文化交流，支持慈善和教育事业。2000 年，香港特区政府为表彰杨咏曼为社会作出的贡献，特授予香港特别行政区荣誉勋章。2003 年，香港特别行政区政府颁发委任 “太平绅士”。2010 年荣获铜紫荆星章。

▲ 启真湖秋景

后记

书稿终于形成了。它静静地，如同一刚出生的婴孩，却煞有模样地，竟然坐在我办公室的电脑桌上。虽然它是我经历了许多个不眠之夜，在繁重工作之余描绘和叙述而成，但是望着它，我仍然有一种惊讶的感觉，不敢相信它真的能够出生，当然也就为它终于能够出生而感慨。

这是一本几乎夭折的书稿。2014 年上半年，学校决定改建校史馆，这个任务落到了我所任职的部门。一年多来，我将全部的时间和精力都付给了浙江大学校史馆的改建工作，从拟订文案、征求意见、审订方案到施工建设、成果验收等各个环节，都要全力投入，书稿的撰写时间因而受到严重压缩，几乎是在时光隧道中穿梭进行，是在夜深人静的时候如同涓涓细流，慢慢汇聚，聚沙成塔。

浙江大学有 100 多年的历史，有玉泉校区、西溪校区、华家池校区、湖滨校区、之江校区、紫金港校区、舟山校区和海宁校区等众多校区。散落在各校区的文化景观宛若星星点灯，收集它们的资料相当困难，进展也十分缓慢，我甚至因而有过放弃的任性，因为实在是时间紧。不过，出于对浙大历史文化的一份情不自禁的热爱，我还是坚持了下来。这真是一次奇妙的心理旅行，也让我的心中充满了感激。

在我从事校史工作的这些年头中，我接触了许多在校史工作中卓有成绩的老专家。李曙白老师就是其中的一位。他曾经著写《西迁浙大》，产生了很大影响。我的校史之路可以说是在像李老师这样前辈的视野之中伸展开来。当我还在校党委宣传部时，李老师是《浙江大学报》的高级编辑。在他的指导下，我的几篇校史小文得以发表，使我对校史领域的学习兴趣得以生发和成长。2015 年 7 月，我有幸与李老师一道赴舟山校区，拟为舟山校区建设一个校史展。在路上，我惴惴不安地提出来，希望李老师能够为本书稿写个序。我知道他很忙，虽然退休多年，但仍然在经营一份诗刊，工作十分繁忙。没有想到李老师欣然应允了，还斟酌再三为本书起名。前辈们的这些引导与提携之意，我当铭记于心，永难相忘。

我得感谢许许多多的校史研究工作者。我在这里不能一一道谢，但是正是由于他们的默默耕耘，生产了大量的校史资料，使得我有了大量的参考文献，能够顺利地完成这本书稿。也要感谢浙江大学档案馆，书中的插图，主要来自档案馆藏图片，部分由作者自行拍摄，丰富的馆藏史料和图片资料提供了本书写作得以顺利进行的另一个重要资源。当然得感谢湖北美术出版社的信任，让我第一次比较全面、系统、深入地审视浙江大学各校区文化景观的分布情况，并尝试着将它们勾勒出来。这个过程尽管颇有艰辛，但是受益匪浅，使我对整个浙江大学的人文地理有了一次全新的认识。我还想说，家是生活的港湾，也是工作的支点，感谢家人的默默支持。

细心的读者一定能够发现，全书只写了五个校区，湖滨校区、舟山校区和海宁校区并没有述及。是的，湖滨校区是本该写的。然而它已经消逝了，其校地已化为商业用途，我该怎样来叙述呢？而舟山、海宁两个校区因为身处杭城之外，且正在建设之中，方兴未艾，其历史又太短暂，我又该如何来描述呢？且留待日后再述吧！

最后，书中一定存在不少错漏之处，恳请专家和读者帮我指正，使书稿得以完善。

2016 年 5 月 7 日

浙江大学
1897
ZHEJIANG UNIVERSITY

浙江大学
1897
ZHEJIANG UNIVERSITY

浙江大学
1897
ZHEJIANG UNIVERSITY

浙江大学
1897
ZHEJIANG UNIVERSITY

浙江大學

1897

ZHEJIANG UNIVERSITY